麻子さま

治部れんげ

2019.12.20.

足をどかしてくれませんか。

メディアは女たちの声を届けているか

林香里 編

小島慶子
山本恵子
白河桃子
治部れんげ
浜田敬子
竹下郁子
李美淑
田中東子

亜紀書房

足をどかしてくれませんか。

目次

01
「女性メディア研究者」の居場所探し
――MeDi（メディア表現とダイバーシティを抜本的に検討する会）発足に至るまで
林香里……005

02
「女子アナ」から考察する日本社会
――メディアと権力とジェンダーの関係について
小島慶子……033

03
つながることで変わること
――女性ジャーナリスト勉強会の20年
山本恵子……063

◆特別対談01
ブルボンヌさん、どうして女装するのですか？……083
ブルボンヌ、家弓隆史、林香里、小島慶子

04
炎上の影に「働き方」あり！
――メディアの働き方改革と表現を考える
白河桃子……127

05
ジェンダー炎上する広告やCM
――市民は何に怒っているのか
治部れんげ……159

06
ネットミソジニー
――行き場のない憎しみが女性たちに向かっている
浜田敬子
竹下郁子……187

◆特別対談02
伊東さん、なぜ企業にとってダイバーシティは成長戦略の一つなのですか？
伊東正仁、浜田敬子……213

07
「殻」を破ろうとする韓国の女性たち
——消される「声」に抗して
李美淑……237

08
パーソナルな思い出と、フェミニズムについてのブックガイドのようなもの
田中東子……263

◆特別対談03
武田さん、フェミニズムは怖いものですか？……281
武田砂鉄、田中東子

01

「女性メディア研究者」の居場所探し

――MeDi(メディア表現とダイバーシティを抜本的に検討する会)発足に至るまで

林
香
里

林香里　はやし・かおり

ロイター通信社東京支局記者、東京大学社会情報研究所助手、ドイツ、バンベルク大学客員研究員を経て、東京大学大学院情報学環教授。専門はジャーナリズム、マスメディア研究。2016年4月から2017年3月まで、ノースウェスタン大学、ロンドン大学、ベルリン自由大学客員研究員。著書に『メディア不信――何が問われているのか』(岩波新書)、『〈オンナ・コドモ〉のジャーナリズム――ケアの倫理とともに』(岩波書店)、『テレビ報道職のワーク・ライフ・アンバランス――13局男女30人の聞き取り調査から』(大月書店・共編著)、訳書にドミニク・カルドン『インターネット・デモクラシー』(トランスビュー)などがある。

そこまで「目くじら」を立てなくても……

メディアとジェンダー。なんて陳腐なテーマなんだろう。

意外性もなにもない。

テレビをつければ、相変わらず、「かわいらしい」女性アイドルたちでいっぱい。ドラマでは「主婦」「おかあさん」「妻」といったステレオタイプの女性たちが否応なく目に飛び込んでくる。

娯楽番組だけではない。朝の報道番組でも、まるで日本全国の「お嫁さん選手権」を勝ち抜いたような、若くてかわいらしくて、男性の脅威にはならないぐらいに知的なタイプの女性アナウンサー（＝通称女子アナ）が、合いの手を入れてうなずいている。

そういえば、２０１９年の盛夏、「政界のプリンス」小泉進次郎が選んだお相手も、女性アナウンサーだった。首相官邸から各局が生中継した際の話題は、彼の政治家としてのキャリアと、彼女の妊娠。その日のトップニュースになった。

こうしたメディア風景の背後には、相変わらず圧倒的男性多数、そして男性優位のメディア産業が厳然と控えている。[*1]

圧倒的な男性優位の業界から生まれる、男性を脅かさない「理想の女性」イメージの固定化と氾濫——研究するもなにも、日本のメディア状況を要約すればそんなところ。変わろうとする気配も一向にない。

まあまあ、ちょっと待ってよ、林さん。メディアも営利企業で商売なのだから、みんなに受け入れられる女性像に頼るのは仕方がないじゃないか。実際、そんなに悪いことをやってるわけでもないだろう。よく見れば、ちょっとずつ変わっているし。世の中にはほかにいっぱい深刻な問題があるんだ。いちいち「目くじら」を立てないでよ——多くのメディア関係者はそう思っているし、そう言われたこともある。

(男性)ジャーナリストや評論家たちは、政治批判をし、社会批評をするけれども、男のわがままと欲望にはとても甘い。というか、鈍感で気づかないことが多い。

女性も悪い⁉

しかし、そもそも女性でも「女子アナ」やタレントになりたい人がいる。女性のほうこそ、いわゆる「女性の武器」を使ってこの社会でうまくやって得している。しかも、彼女たち自身、自由意思に基づいてそうしているのだから、妨げることだってできやしない——「女性への抑圧」なんて、フェミニストたちの被害妄想じゃないか。これがフェミニズムのメディア研究者たちに向けられてきた多くの批判のうちの一つだ。

この批判は、さまざまなところで繰り返される。曰く、女性たちこそ、このシステムでいい思いをしているじゃあないか。これは自由世界での女性たちの選択（choice）の結果で、押しつけられた境遇（circumstances）ではない云々。

今の状況が女たちにとっての「選択」なのか「境遇」なのかという論争は女性たちに向けて何度も何度も蒸し返されてきた。しかも、この論争では、「リベラル」と考えられている論者さえも、男女平等が制度的に保障されている日本社会なのだから、今の現状は女性たちの「選択」の結果だと主張する向きが多い。

女性が「口答え」をせずにかわいらしく相槌を打つこと、男性に従属的な地位にいることを自ら進んで受け入れること、だから進学やキャリアをあきらめることは、女性自身の選択の結果なのか。40年前、私の高校時代、「お兄ちゃんは東京の大学。私は地元の大学」という選択は一般的だったが、日本ではどうやら今でもそういう例はたくさんあると聞く。それは、男性優位社会で決められている規範やルールの中で、女性たちが無意識に「納得できる最適解」「幸せになる近道」として決めたことではないのか。それは、目には見えない権力と圧力の結果だと言えないだろうか。

女の「選択」を主張する人たちは、人間のイメージを、あたかも真空管の中の、堅くバラバラな存在であるかのように想定している。そして、「選択」という意味を、自己意識の働きというような、非常に狭い理解をしている。「選択」は、独立した個人が真空状態で判断を下すものではなく、すべてその文脈の結果である。エベレスト登山で酸素不足のときに、酸素ボンベがほしいか、100万円ほしいかと尋ねられれば酸素ボンベを選択するけれども、場所が東京だったら酸素ボンベは意味がなく、100万円を選ぶだろう。また、東京で100万円で何を買うかという選択があったとして、自分のほしいものだけを買える人は少ない。

女性にとって、日本社会はますます息苦しくなっているように思う。その理由は、日本社会で生き延びる戦略として、女性は社会から押しつけられた、狭くて息苦しくなるような理想の女性像を選択せざるを得ないからではないだろうか。100万円がどんなに高額であっても、エベレストで使う術もなければ選択しないのと同じように、多くの女性たちにとって、自分らしく生きるという選択が現実の暮らしで生き延びる戦略にはつながらないことが多い。結局、ひとまずは社会の、つまり男性の脅威にならないでおくことが重要となる。

たとえば、日本では、どんなに受験勉強をがんばって東京大学に入学しても、あるいは就職後、どんなに仕事をがんばっても、男性と同様の「出世街道」を歩める確率は少ない（日本の100人以上の民間企業における女性管理職〈課長職以上〉の割合は10・9%、『20

18年男女共同参画白書』)。出世が見込めないどころか、職場の外でも育児や家事の責任を負いながら、男性以上に猛烈に働く覚悟が必要だ(「2016年内閣府生活基本調査」によると、6歳未満の子供を持つ夫の家事・育児関連時間は1日当たり83分で先進国中最低の水準。これに対して妻は454分の負担で最高水準)。だとしたら、はじめから「キャリア」なんて選択しないことは、合理的な選択だ。そんなことをするより、キャリアをもつ男性に選ばれる女性、彼らの気に入るような女性になったほうが、経済的にも社会的にも豊かになるし、人生の幸福度も上がるのではないか。そう思うのも不思議ではないし、その選択をする人を責めることはできない。いまの日本社会では、男性がキャリアを選ばないのと、女性がキャリアを選ばないのとでは、大概において理由も事情も異なるのである。

しかし、そういったキャリア男性に選ばれる女性、あるいは「男性が欲望するとおりの女性」として「成功する」女性はほんの一握りに過ぎない。多くの女性たちは、低賃金の単純労働、多くは非正規労働に甘んじている。日本における男女の平均賃金格差は2018年の「賃金構造基本統計調査」で、男性を100とした場合の女性の賃金は73・43にとどまり、先進国で最低レベルである。

女性たちの中には、男性によって牛耳られている職場で、権力の差を利用されて労働搾取をされたり、さらには深刻なハラスメント、暴力、強姦被害にさえ遭う人もあとを絶たない。

しかも、被害に遭った女性の6割超が「我慢した」と答え、その多くが「仕事に悪影響を及ぼすから」と相談もできずにいる実態も分かった。[*2]

近年では、「就活セクハラ」といって、就職活動中の女性の学生へのセクシュアル・ハラスメントも問題になっている。卒業を控えた女性学生が、OBへの個別訪問や泊まり込みインターンシップで性的関係を迫られるという。いよいよ社会人になろうとするそのときから、すでに女性たちは暴力の危険に晒される。その上、ハラスメントをされた人のうちの約7割が誰にも相談できずにいるという結果もある。2019年には、大手ゼネコン「大林組」の社員が、就職活動でOB訪問に来た女子学生にわいせつな行為をしたとして、強制わいせつの疑いで逮捕された（のちに不起訴処分）。また、3月には住友商事の社員が、同じくOB訪問に来た女子学生に性的暴行を加えたとして、準強制性交などの容疑で逮捕された。「就活セクハラ」は、本書の執筆者である竹下郁子が、都内のカフェで就活生たちの会話を耳にして取材を開始したことがきっかけで露呈した。まさに、スクープだった。[*3]

このような圧倒的に男性優位な社会で生きる女性たちにとって、男性の好みの女性になることは、本能的に身の安全を守る生き残り戦略となる。だから、女性たちに対して、どうしてそんな主体性がないんだ、もっと強くなれ、自分らしくなれ、男性本位のルールなんて無視して自らを解放せよ、と言うのも酷だ。むしろ、これこそ高学歴女性たちによる一つの圧力のように思う。

「男は敷居を跨げば七人の敵あり」ということわざがあるけれども、女性が声を上げること、女性が自分に正直に生きていくことは、敵が7人なんてものじゃない、まさに四面楚歌、全面戦争覚悟の大きな勇気とエネルギーが必要になる（声を上げた女性たちへのバッシングの深刻さについては、浜田敬子・竹下郁子執筆の6章をご覧ください）。ただでさえ、職場で家庭で忙しい女性たちを、新たな挑戦をしないからといって非難することは、私にはとてもできない。

なによりも、行動しないこと、声を上げないことを責めるような思想は、フェミニズムとは相容れない。それは自分の価値観を押しつける、フェミニズムとは真逆のパターナリズムだ。弱い立場、困った状況にあるマイノリティたちといっしょに考え、生きていくことこそ、フェミニズム。女たちを男性優位の社会のルールに従うか従わないかというラインで分断することを悲しく思う。

いま、男性優位社会を是正するために、女性管理職を30％にするといったルールなど、さまざまな取り組みが始まっている。しかし、その是正には、制度だけでなく風土も必要だと本書の4章で白河桃子は訴える。「制度と風土」――これは、メディアで働く女性たちと議論するときに常に話題に上るキーワードだ。つまり、どんなに完璧な法律や制度があっても、社会にそれを活用しようとする雰囲気がなければ意味がない。

女性として生まれ落ちたその日から、陰に陽に社会から要求され続ける好ましい女性像。男性から性的な暴力を振るわれてもなお「上目づかいで受け身」で耐える女性像はいったい、どこから来るのか。法律にも条例にもどこにも書かれていない、こうした偏った女性の姿は、頑固オヤジ、エロオヤジ、マッチョ兄貴のせいだけではない。女性も含めて、日本社会全体にずっしりとのしかかる固定化した不自由な女性イメージこそ、日本に住む女性たちの生き方全体を規定してしまう。

私は、まさにこのステレオタイプの不自由な女性像こそ、メディアがつくっている部分が大きいと考えている。だから、まずは、私たちの表現空間の解放が必要だ。さまざまな生き方や選択肢を肯定する多様なメディア表現実践は、女性だけでなく、社会のいろいろな人の多様な生き方を応援してくれる。男女共同参画社会実現のためには、制度改革だけでなく、社会の風土改革、つまりメディアの改革が必要。この二つは車輪の両輪である。

なさけない研究者たち

ジェンダーという人間のアイデンティティに関わる問題を論ずるなら、結局、自分自身の生き方を問わざるを得ない。フェミニズム研究者としてひと回り後輩の田中東子は、ハラスメントが横行していた大学キャンパスの状況に戸惑い、自ら女性自身の言葉を探す旅に出てフェミニズムに出合ったことを綴っているけれど（8章参照）、私はどうだっただろう。

そして、それを考えると、実に情けない。私は言葉を探すこともせず、まわりの研究者たち（＝男性）に必死に同化しようとして、無理矢理「ふつうのジャーナリズム論」研究にまい進してきたように思う。そして、「ふつうのジャーナリズム論」は、女性差別を研究対象としていない。

ジャーナリズムは、とにかく「ファクト」「ファクト」を呪文のように繰り返す職業分野である。しかも、その「ファクト」とは、女性記者だろうが男性記者だろうが、取材者によって変わるはずはない、いや、変わってはいけない、それが原則なのである。しかし、そもそもその「ファクト」の製造側、つまり政府や企業の重要ポストがほとんど男性で占められており、その「ファクト」を取材し伝えるために、メディアで働く女性たちがいかに苦労してきたかは、たとえば、2018年7-8月に実施したMIC（日本マスコミ文化情報労組会議）のアンケート結果で明らかになった。そこでは女性の7割以上が取材中にセクハラの被害に遭い、「必要もないのに身体的接触（キス、抱きつく、肩もみ、胸をさわる等）をされた」が40・3％、「ホテルに誘われた、性的関係を強要された」も11・6％という結果が出た。2019年には、長崎市の平和行政トップの幹部から性暴力を振るわれた上、その後さらに別の幹部によって虚偽情報を出されて二次被害に遭って苦しんできた女性記者が、長崎市に対する賠償請求訴訟を長崎地裁に起こした。この記者の提訴にあたって、「メディアで働く女性ネットワーク（WiMN）」は、この女性記者の例はおそらく氷山の一角で、「これまで多くの女性記者が取材対象となる捜査機関や行政の職員らから性暴力の被害に遭い、相談も告発もできないまま一人で耐えている現状」を訴えた。[*4] ちなみに、WiMNは、2018年4月に財務事務次官がテレビ局記者に性的嫌がらせを繰り返していたことが明らかになったのを機に、女性記者たちが立ち上がって結成した団体だ。

他方で、日本のマスメディア／ジャーナリズムを研究対象とする母体となる学会である日本マス・コミュニケーション学会に目を向けてみると、それはまた圧倒的に男性多数、男性優位の世界で、こうした状況には無関心で、女性の視点をまったく大切にしてこなかったと言っても過言ではないのである。

男性的研究の世界に同化しようとしてきたとはいえ、やはり本流のジャーナリズムに違和感をもってきた私は、メディアの中でも小さなメディアや産業のメインストリームではない人たち（新聞家庭面の記者、フリーランス、新聞販売店主、番組製作会社のディレクターやプロデューサー）を研究し、その文脈から女性記者たちのワークライフ・バランスの問題も取り上げてきた。けれども、40代の半ばぐらいまでは、どうしても「女性」というくくりを前面に出して研究を進めることにためらいがあった。若いときは研究にジェンダーを掲げると、なんとなく自分で「負け」を認めるような気分で、言い訳に受け止められやしないかと不安だったからだ。

また、日本ではジェンダー研究はほんとうの学問ではない、それを研究するのは三流学者だという根強い偏見があると感じる。メディア研究でも同様で、ジェンダーの研究は女性研究者の主観的かつ偏見に満ちたものでサイエンスではないという見方だ。あるいは、女性だけを取り上げるのは「逆差別だ」という意見にも何度も遭遇した。女性への差別がここまで固い「社会的事実」になっているにもかかわらず、である。

このことを証明する端的な例として、日本マス・コミュニケーション学会の年に2回の研究発表会のメイン・シンポジウムのテーマを見てみよう。日本マス・コミュニケーション学会が日本新聞学会から名称変更して発足した1991年以来、メイン・シンポジウムで、「女性」がテーマになったことは、私の知る限り、3回のみだ。そのうちの第1回め（1998年）は、大テーマの中の一部分の扱いだった（「オーディエンス理論の現在——メディア効果論、カルチュラル・スタディズ、ジェンダー論の対話」）。第2回めは「21世紀のメディアをジェンダーの視点から拓く」という野心的な企画だった。それにもかかわらず、なぜか同時間帯に別のテーマのシンポジウムが並行企画・開催されるという異例の事態に。通常、男性の企画するシンポでこんなことはあり得ないから、意識的か無意識的かはわからないけれども、完全な当てつけ、女性研究（者）差別だったのだと思う。当日、結局は観客数が減ってしまったと先輩女性研究者が嘆いていた。

こうした話を聞いて、私は2014年に『女性活用』といわれる時代のマス・メディアとジャーナリズム」を企画した。これが第3回めに当たる。ちょうど当時、第二次安倍晋三内閣が「女性活用」を政策アジェンダに挙げたことが功を奏したのか、普段はジェンダーというと「偏向」だと顔をしかめる男性研究者たちもすんなりと開催を承認。企画は通ったものの、司会やパネリストの選定に難航した。当時は今日のように#MeTooムーブメントがさかんでもなく、女性を含む多くの実務家や研究者が登壇を躊躇した。登壇依頼した男性研究者からは、「被告席に座るということか」と聞かれた。頼む側の私も、無意識ながら、まだどこかで心に迷いがあったと振り返っている。

しかし、後輩の女性記者や研究者たちが30年前の私と変わらない苦労をしているのを知るにつけ、そして、テレビや新聞での女性の表象があまりにも画一的で陳腐なのを見るにつけ、やはりメディア研究者としてジェンダー／セクシュアリティという問題を見て見ぬふりをして社会の問題を論ずるのはおかしいじゃないかという疑問（と怒り）がむくむくと頭をもたげるようになった。この「おかしいじゃないか」という確信は、私自身が子育てを終え、生物学的な女性の機能を失って、女性という生き方を距離をとって振り返ることができるようになって、いっそう強くなった。

男性、女性というカテゴリーは、自然界と社会において、基盤的な秩序を決めている。自然界でのオス、メスが重要なカテゴリーであるのは言うまでもないが（そして、「オス」「メス」あるいは「それ以外」が何を指すのかが問題になる）、社会では、たとえば、人間は男性の成功イメージ、女性の成功イメージ、男性の行動規範、女性の行動規範などを、生まれたときから家庭、学校、地域など、ありとあらゆるところで学習して成長する。社会は、まさに性別ごとに基本的秩序が決められていると言っても過言ではない。

しかし、それは時代や地域や文化とともに変化もする。さらに事をややこしくしているのは、女性でも、いわゆる「男性的な価値観」をもっている人はたくさんいるし、男性の中にも「女性的な」センシティヴィティをもっている人もたくさんいる。「男らしさ」「女らしさ」は流動的で、実際は目にみえないものがずいぶんある。

たとえば次のような例を思いつく。

・着物を着て化粧をして外見は「大和撫子」そのものの人が、戦争賛成、ナショナリズム賛成、軍国主義者みたいな発言をしていたり。

•表面的には女性らしい「甲斐甲斐しさ」で振舞っているけど、競争と出世欲満々の人もいて。

•女好きと言われているおじさんは、女性が公的立場に就いたり、社会的発言をしたりするのを嫌う、女性嫌悪者（ミソジニスト）かもしれない。

•フェミニストとして社会で「戦っている」一見「男性的」な人は、心から他人を思いやってつながりを大切にする「女性的」な人だったり。

•そして、生物学的には男性の体で、ときに女装をして女性になりながら、性的指向、性別による生き方を、人生の中で何回も往復するようなブルボンヌさんのような人（特別対談01のインタビュー参照）もいる。


そもそも、私たちが日常的に理解している「男性らしさ」「女性らしさ」って、いったい何なのだろう。体のことを言っているのか、心のことを指しているのか。人間は1人一つの性しか所有してはいけないのか。

翻って、科学は、こうした社会の当たり前を疑うのが仕事である。つまり、私たちが「女である」がゆえに当たり前だとするイメージはどこから来るのかを考えることは、社会の根幹を問うことであり、学問として極めて挑戦的で重要なテーマである。

私はメディア研究が専門だが、メディア研究も含めて、社会科学では、一般社会通念として了解されている事象について、なぜ、いつからそうなっているのか、他の文化ではどうなっているのかなどをデータとともに疑い、問題提起することが重要な仕事である。いや、これこそが社会科学ど真ん中の仕事であろう。

セクシュアリティ・ジェンダー研究では、通俗的な「あたりまえ」をいっさい許さない、高度に洗練された分析能力を要求される。しかし、いつのまにか、女たちが勝手にやっている感情的な研究だ、社会運動の域を出ない学問未満の分野だという偏見が、女性研究者も含めた研究界全体に広がってしまった。研究界ではいま、家事、育児、介護などのケア労働の責任を負わない特権的「自由人」をベースに発達した浅薄な自由主義思想や、行きすぎた乱開発によって自然破壊をもたらした楽観的な技術崇拝など、近代の学問が生み出した功罪が問い直されている。ジェンダーやフェミニズムの研究も、こうした学問そのものの反省に直結している。

ところが、日本では、こうした女性に関する問題意識を共有する場は残念ながら非常に少ない。社会と同様、学界にもいつのまにか「ジェンダー」というテーマは、一部の女性研究者の領域という性別役割分業ができあがってしまったように思う。メディア研究も例外ではない。

仲間づくりの大切さ――数の論理を超えて

メディア研究者としても、大学教員としても、女性はマイノリティ。2019年、この原稿を書いている時点でも、会議で女性は私1人という状況が珍しくない。第1回の顔合わせ会議で、また女1人かあ、とがっくりと肩を落として孤独を味わっているところに、男性委員から「女ひとりで目立っていいねえ」ととどめを刺されることが何度あったことか。

日本の会議は、ハイレベルになればなるほど男性たちが圧倒的多数となる。さらに言うと、そういう会議では、意見も言わずにただ座っている人、意見を聞かれても無難な言葉で「お茶を濁す」人もこれまた多数（民間企業では違うのかもしれないが……）。そういう人たちの多くは、「個人的意見」をせず、大人の態度で調整能力がある「ものを言わない温厚そうなおじさん（あるいは、おばさん）」だ。自戒も含めて、こういう状況のなかで学んだことは一つ。1人ひとりは心やさしいこうした人たちこそ、現状（＝男性優位社会）の再生産に加担する、強大な権力になるということである。

「女ひとり」の会議を何度も経験してみると、「数」の力、ネットワークをもっている人の権力というものをしみじみと実感する。会議で声を荒げて発言せずとも、背後にネットワークがあって、着々とその方向にものごとが進んでいくのを見届けていればいい。それは、私がだんだん年齢的に「シニア」になって、理論的にはものごとを決定する側に入れられているように感じるものの、決定権のイニシャチヴをもてないというジレンマに遭遇することと関係しているかもしれない。女性や、あるいはほかのマイノリティ（外国人、性的マイノリティ、障害をもつ人たちなど）は、確かに目立つ。会議の席上でも、ほかの人とは異なる意見や、いわゆる「正論」を吐いて真っ黒なカラスの中の極楽鳥のような感じである。しかし、その意見は結局、組織全体の多様性、制度の健全さを担保するアリバイづくりには貢献するものの、最終的な変革への道筋に生かされるまでには長い距離と高いハードルがある。職場の同僚（女性）が言った。

「私たちはね、東大という大きな機構のワクチンみたいなもの。外界から病気が入ってきたとき、まっさきに差し出されて戦わされるのよ」

ホモソーシャルな本体は免疫力もなくて実際はもろい。だから、外敵予防として異物をあらかじめ少しだけ体内に加えておく。これが、ワクチンとして使われるマイノリティ。言い得て妙である。でも、「ワクチン」は戦った後は不要となって消滅し、逆に本体のほうは抗体ができて、ますます元気で丈夫になっていく。マイノリティのみなさん、もうそろそろ、社会の「ワクチン」になるのはやめましょう。

私たちは、結局、社会を動かすためには、ネットワークをつくって訴えることが決定的に重要である。世間一般が言うような「女性活躍」を実現させたいなら、どんな分野であれ、女性たちのネットワークづくりが欠かせない。しかし、いまのところ、まだまだ女性はまずはいかに男性社会で生き延びていくか、男性側のルールとどう折り合いをつけていくかで頭がいっぱい。まずは男性の価値観に従って業績を上げるか、極楽鳥のように珍しさで目立つことをトレードマークに生きるか、という選択を迫られてしまう。

つまり、女性のエンパワーメントには、活躍する女性の頭数を増やすだけでなく、女性たちをつなぐ仕組みと場が必要である。そこには、女性だけでなく、サポートしてくれる男性やLGBT、体の不自由な人など、多様なマイノリティともつながることができる仕掛けも必要だ。

話をメディアとジェンダーに戻すと、メディア業界でも、女性の「頭数」は増えているものの、ネットワークはまだまだ弱い。男性優位が既定値になっている日本のメディアの風土を変革するためには、協力してくれる男性をしっかりと味方につけて、女性同士が問題意識を共有してものごとを動かしていくしかない。そうすることで、マイノリティ感覚に敏感で、社会の最先端に共振する鋭い感覚のメディアが生まれることだろう。年をとって、自分のこれまでの仕事を振り返るたびに、そんな思いを強くしていった。

転換点――アメリカでの経験

私はメディア研究のなかでもとくにジャーナリズムや報道をテーマに研究を続けてきた。既に述べたように、この分野では、多くの研究者たちが、ジェンダーやフェミニズムとジャーナリズムはつながらないテーマだと考えている。それどころか、つなげてはいけないテーマでもあるとさえ考えている。ある時点まで、私はこういう見方に「賛同」というより、「ビクビク」していたと思う。そんな研究者としての「相場感」があって、ジェンダーに関する研究や教育にいま一つ真剣に踏み込むことができずにいた。

しかし、こうした態度を改めようと考えたのは、アメリカでの在外研究の体験だった。2016年、私は在外研究でアメリカのノースウェスタン大学に滞在した。この年は、ちょうどアメリカの大統領選挙の年だった。選挙は、大富豪で実業家のドナルド・トランプとオバマ政権で国務長官を務めたヒラリー・クリントンの一騎打ちとなった。そして、そこで展開されたキャンペーンはほとんどが、ジェンダーと人権をめぐるものだったと言っても過言ではない。アメリカのジャーナリズムは、テレビも新聞もこぞって「女性」をめぐる問題を正面から取り上げて議論を展開した。ヒラリー・クリントンが女性としてスタミナがあるか、米国軍の総司令官としてふさわしいかなど、「女性であること」が大統領の資質にどう影響するか、ときに意地悪くチェックしていた。と同時に、トランプの女性へのハラスメントや女性関係についても容赦なく手厳しい批判を展開した。また、ドナルド・トランプが大統領に就任した翌日、2017年1月21日、首都ワシントンDCを推定80万~120万人が「女性の人権」をメインの主張にして思い思いのメッセージを手に練り歩いた。この「ウィメンズ・マーチ・オン・ワシントン」に連動したシスター・マーチは米国内で653に上り、計300万人が参加した。米国外でも世界261カ所でマーチが展開され各国メディアで大きく取り上げられた一方で、日本のメディアではこのマーチの目的や意義についてほとんど報道されなかった。[*5] 結局、2016年米国大統領選から新大統領就任に至るまで、「ジェンダー」がアメリカ政治の最重要争点だったことは、ついに日本に伝わることはなかった。このように偏向した伝わり方は、ひとえに日本の記者、日本の専門家たちがほとんど男性だということと関係している。

さらに、この年、アメリカのジャーナリズムの頂点に授けられるピューリッツァー賞は、犯罪事件を専門とするノンプロフィットの調査ジャーナリズムNPO「マーシャル・プロジェクト(Marshall Project)」とアメリカのノンプロフィット調査ジャーナリズムの元祖である「プロ・パブリカ」の共同取材による〝*An Unbelievable Story of Rape*（ある信じられないレイプのストーリー）〟に与えられた。この記事は、レイプされたと「嘘をついた」として信じてもらえなかった18歳の少女の話からはじまる。しかし、何人もの里親に預けられて育ったこの少女の証言は、実は嘘ではなかった。彼女は、実際に連続強姦事件の犠牲者だったのに、警察は彼女に偽証を認めるように半ば強要していたこと、まわりの大人たちも、警察のほうを信用してしまったこと、しかし警察がその後、責任を追及されることもなかったことを明らかにした。さらに、以上のような状況を表面的に追うにとどまらず、警察への取材やさまざまな統計資料とともに、なぜこうしたことが繰り返されてしまうのかを克明に分析している。記事では、アメリカでもレイプ通報は、実際の5分の1から3分の1にとどまっており、警察も被害者が公的な立場にあるなど特別な理由がない限り真剣に捜査しないなど、強姦が信じられないほどずさんに扱われていることを指摘している。他方で、シリアスなテーマではあるものの、連続強姦事件の犯人捜査の過程を追うスリルとサスペンスにも満ちた文体で綴られており、非常に読み応えがあった。

私は、この記事を読みながら改めて「権力の監視」という言葉を思い浮かべた。ジャーナリズム論では、最初の授業で「ジャーナリズムの仕事は権力の監視だ」と教える。アメリカのペンタゴンペーパーズ事件、ウォーターゲート事件、日本であれば、リクルート事件や森友学園問題など、大統領や首相に対して、やるべきことをきちんとやっているか、政治が透明性をもって実行されているか、という政治権力の正当性と透明性を問うのがジャーナリストの仕事だ。しかし、この強姦記事では、「男性性」という権力によって生まれる認知の歪み、女性に対する偏見、そしてそこから来る被害者の苦しみを描いていた。それは、私たちの身のまわりに遍在し、当たり前と思われてきた「男性権力」を明らかにし、性暴力の防止につなげようとする作業だ。まさに、「権力の監視」を使命とするアメリカのジャーナリズムの金字塔にふさわしい作品だと思った。バイライン（記事の筆者名）は、男性2人だったことも、女性男性という分断を超えて、重要な社会問題に取り組む姿勢を見るようで感激した。

研究者と実務家のネットワークをつくろう！

メディア研究をはじめて、約4半世紀。私の目の前の日本のメディアの女性観には相変わらず明らかに大きな問題がある。テレビも新聞も雑誌も、男女の性別役割分業を自然化して女性・男性の「らしさ」を固定している。また、娯楽記事や番組には、女性を当たり前のように男性目線の性的対象物として扱うものが多すぎるし、さらにこの状況を是正しようとする取り組みはいっこうに進まない。世界中で盛り上がっている#MeTooムーブメントにも、本書7章で李美淑が指摘するとおり、日本の主流メディアは圧倒的に冷たかった。

研究は、直接的に世の中の社会問題を解決することはないかもしれない。けれども、少なくとも、問題の所在を明らかにし、注意喚起する役割があってもよい。しかし、実情は、田中東子が経験したように、日本の研究の場では、女性に対する偏見や侮辱について問題を共有するどころか、若い女性の大学院生や研究者たちの居場所さえないのが現状だ。私が研究者になった30年前とほとんど変化がないことに、胸が痛む。

研究者のつながりという点では、大学のキャンパスでも女性に関する問題意識の共有ができる場がほとんどない。米国滞在中の2016年には、勤務先の東京大学でも集団強姦事件が起こった。アメリカでは、政府と大学とが共同で安全なキャンパス実現に取り組む運動が進んでいるのに、日本では再発防止に取り組む声が一向に広がらないのも気になっていた。

そんなとき、まさに私がアメリカと日本とのギャップを大いに感じていた在外研究中、NHKの山本恵子からメールが届いた。NHKの本流にいる山本は、メディア業界横断的に女性たちのネットワークをつくってエンパワーメントを続けている（3章参照）。彼女は、「メディアの女性蔑視は目に余る。なんとかしなくてはいけないから、東大で、メディア表現の多様性について考えるシンポを開きたい」と怒っていた。そのシンポは、研究者だけでなく、現場のさまざまな人に呼びかけてみたいと。私も研究者として残りのキャリアはあと10年ほど。その時間に少しでも女性やマイノリティが自分らしく生きることができるような言論・表現空間を社会に実現させたいと思っていた。山本から声がかかって、これをその取り組みの第一歩として、ぜひ実現させたいと強く思った。

MeDiの出発、そして挑戦

さて、ここからの話は、この本の小島慶子による2章に重なっていく。私が２０１７年4月に帰国して、当時関わっていた東京大学多文化共生・統合人間学プログラムの事務局とともに、さっそくこのシンポジウムの開催に動いた。そして、２０１７年5月20日、東大の五月祭の真っ最中に、現在のメディアのあり方に疑問をもつ仲間とともに、「決起集会」と呼ぶにふさわしい第1回シンポを開催した。その後、田中東子の発案により、この集まりにMeDi（メディア表現とダイバーシティを抜本的に検討する会）という名前を与え、2年間で5回のシンポ、2回のスピンオフ・イベントも開催した。

スピンオフ・イベントでは、２０１６年に起こった東京大学学生による集団暴行・わいせつ事件をモチーフにした姫野カオルコさんの小説『彼女は頭が悪いから』（文藝春秋）を素材に、安全な大学キャンパス実現に向けた討論を企画した。しかし、このブックトークは、東大というブランドをめぐる話題に集中してしまい、本題である性暴力阻止をめぐる対策や未然防止のアイディアを話し合うには至らなかった。

しかしその後、私は、性暴力防止活動をしているアメリカの弁護士を招き、学生たちの力も借りてより具体的なキャンパスにおける性的暴力阻止の取り組みに関するワークショップも企画した。このワークショップは、MeDiの第1回シンポで知り合った、ちゃぶ台返し女子アクションの大澤祥子のネットワークで実現した。学生たちは、東大からだけでなく、都内の複数の大学の学生たちが参加し、キャンパスにおける性暴力防止の取り組みについて活発な議論を交わした。その後、２０１９年6月には、上智大学法学部教授三浦まりのリードで、第2回も開催され、小島慶子もかけつけてくれた。大学を超えたつながりは、いまではＳＡＹ（Safe Campus Youth Network）という大学横断的ネットワークとして活発に活動を始めている。

さいごに、メディア批判は世の中にたくさんあるし、指摘したとおり、メディアに問題は多い。しかし、多くのメディア批判、とくに「マスゴミ」批判と呼ばれるものは、どこかでメディアを自分たちとは関係のない、他人事のように扱って切り捨てる響きがある。私たちMeDiのメンバーのメディア批判は、そうではない。むしろ、私たちの声をきちんと反映してもらい、私たちが必要な情報を提供してくれるような、男性、女性、ＬＧＢＴＱも含め、みんなのメディアになってもらうためにはどうすればよいか、メディア産業に積極的に働きかけ、アイディアを出していくつもりだ。それには、これまでのようなイベント開催だったり、こうした出版だったり、あるいは研究として発表して問題提起もしていきたい。そしてなにより、これから本書を手にとってくださった皆さんとともにさらに輪を広げて知恵と力を合わせれば、日本にもきっともっと自由で多様で楽しいメディア実践と、そしてなによりみんなが生きやすい社会が可能になると信じている。

【注】

＊1　たとえば、民放労連女性協議会によって２０１９年10月に発表された「在京テレビ局女性割合調査報告」によると、在京テレビ局で「報道部門、制作部門、情報制作部門の局長には女性はひとりもいない」という（http://www.minpororen.jp/?p=1399）。

＊2　『日本経済新聞』２０１８年４月30日「セクハラ受けた6割超が我慢「仕事に悪影響」」。

＊3　竹下郁子「深刻化する就活セクハラ。ＯＢ訪問や泊まり込みインターンが温床に【就活２０１９】」Business Insider Japan　２０１９年２月12日（https://www.businessinsider.jp/post-184754）。

竹下郁子「OB訪問で自宅や個室で性行為強要、2人に1人の学生が就活セクハラ被害に。『選考有利』ちらつかせ」Business Insider Japan ２０１９年2月15日（https://www.businessinsider.jp/post-185252）。

＊4　メディアで働く女性ネットワーク「長崎市職員による女性記者への性暴力に抗議し、真摯な謝罪と対応を求める声明」２０１９年5月8日（https://www.facebook.com/WiMNJapan/posts/827724814265711/）。

＊5　溝呂木佐季「歴史的な女性運動「ウィメンズ・マーチ」を全国紙はどう報道したか」２０１９年度夏学期「社会情報学基礎Ⅰ」提出ゼミ論文。

インターネットサイトは、いずれも２０１９年11月26日閲覧。

02

「女子アナ」から考察する日本社会
――メディアと権力とジェンダーの関係について

小島慶子

小島慶子　こじま・けいこ

エッセイスト、タレント。1995年TBSにアナウンサーとして入社。1999年ギャラクシー賞DJパーソナリティ部門賞を受賞。2010年TBSを退社後、エッセイや小説を執筆し、各種メディア出演や講演活動を精力的に行っている。著書に『仕事と子育てが大変すぎてリアルに泣いているママたちへ！』（日経BP)、『解縛――母の苦しみ、女の痛み』(新潮文庫)、『女たちの和平交渉』(光文社)、小説『ホライズン』(文藝春秋)、『幸せな結婚』(新潮社)、編著に『さよなら！　ハラスメント』(晶文社)などがある。

Media と Diversity、頭文字をとって MeDi

それは２０１７年の正月のことだった。白河桃子さんが「面白い新年会があるから来ない?」と誘ってくれたので、別の会合に行く前にちょっとだけ顔を出した。青山の小さなレストランいっぱいに座っている元気な女性たちに、最初は圧倒された。どうやら記者を中心に、様々な仕事を通じて世の中について考えたり行動したりしている女性が集まっているようだった。ちょうど自己紹介タイムの真っ最中に到着した私は、その場の熱気に押されて、最近気になっていることを話した。記憶が定かではないが、おおよそ以下のようなことだったと思う。

「あけましておめでとうございます。小島慶子です。在京キー局のアナウンサーを15年やって、２０１０年に会社を辞めてからは文章を書いたりテレビやラジオに出たり講演をしたりSNSで発信したりしています。

最近、広告やテレビ番組が炎上することが多くなっていますが、これはマスコミ業界の現状認識が時代遅れになっていることの表れじゃないかと思います。テレビでは、容姿や年齢や性的指向などを貶めたり揶揄したりするネタが〝いじり〟として定番化していて、私も子どもの頃はそれを面白く見ていたのだけど、今は笑えません。差別や偏見を助長する表現ではなく、いろんな人が楽しめて、社会に包摂されていると感じることができる表現を模索する時期に来ていると思います。こういうことを言うとギョーカイの人は〝出た、コンプラ！それじゃ面白いものなんか作れないよ〟などと言うけど、そんなことないと思うんです。

ちなみに自分で15年もやっといてなんですが、〝女子アナ〟ってコンテンツも罪深い。悩んでいる女性アナもたくさんいます。若い女性にチャンスがあるのはいいことだけど、なぜ〝若くて可愛い〟ことにばかり価値が置かれるのか。それは誰のための価値なのか。これでは女性が本格的にキャリアを積むことはできません。容姿も年齢も、もっといろんな女性がテレビ画面の中にいていいじゃないですか。待遇面でどれほど男女平等を謳っても、結局女性は〝女〟であることでしか注目されないんじゃ平等じゃありません。だから私、〝女子アナ〟ってコンテンツが絶滅すればいいと思っているんです。テレビ画面の中だけでなく、社会のあらゆるところでこうしたジェンダーの押し付けが当たり前になっているのを変えたい。なんとかできませんかね？」

なぜそんな話をしたのかわからないのだが、ここにいる人たちならわかってくれそう、と直感で思ったからだろう。他で話そうものなら、めんどくさいとか理屈っぽいとか、うるさいフェミ！　とか言われて敬遠されかねない。でもその場は違った。一座はそうだそうだと盛り上がり、まとめ役のＮＨＫの山本恵子さんが白河桃子さんと一緒にあっという間に仲間を集めて、東大の林香里教授のところでシンポジウムをやろうという話になった。あまりの展開の早さに驚きつつ、かねてお目にかかりたかった林さんとのご縁を頂いて嬉しかった。

それがMeDiの始まりである。東京大学大学院情報学環教授・林香里さん、ジャーナリスト・白河桃子さん、ジャーナリスト・治部れんげさん、大妻女子大学教授・田中東子さん、ＮＨＫ国際放送局（当時）・山本恵子さん、不肖小島が発足時のメンバーで、2年後にはBusiness Insider Japan（ビジネス・インサイダー・ジャパン）編集長の浜田敬子さんも加わった。当初は名前もない集まりだったけど、しばらくしてから「メディア表現とダイバーシティを抜本的に検討する会」という長い名前がつき、MediaとDiversityそれぞれの頭文字をとってMeDi（メダイ）となった。略称の名付け親は田中東子さんで、メダイという音にはポルトガル語でメダルという意味もあるという。素敵だ。つい魚のメダイを連想するが、メダイは美味しい。スズキ目イボダイ科の魚で、目鯛と書く。調べたらそれとは別に女鯛と書くのもある。オオクチイシナギ（大口石投）というやはりスズキ目の海魚の異名で、体長

2mにもなるという。女鯛も、大口石投も字面が良い。女性が声をあげて、淀んだ水面に波紋を起こすような、実にいい名前ではないか。まあそれは後付けだが、兎にも角にもそんな熱気の中でMeDiは誕生した。

シンポジウムはメディア批判を目的にしない

初回のシンポジウムは2017年の5月。東大の本郷キャンパスにある福武ホールで、五月祭の最中に開催された。タイトルは「第1回メディアと表現について考えるシンポジウム――『これってなんで炎上したの?』『このネタ、笑っていいの?』」。直球である。企画立案の話し合いの中で、対話の場を作ることを大事にしようと決めた。シンポジウムは単なるメディア批判が目的ではない。様々な炎上案件を例に、なぜその表現は批判されたのかを考察し、どうしてその表現になってしまったのか、他にどんな表現があり得たのかを探るべく、現場の声や専門家の意見を交えて、建設的な議論をしようという試みだ。ありがたいことに、会場は立ち見が出るほどの賑わいとなった。多様性を包摂する社会の実現に向けてマスメディアにおける表現の課題と可能性を考えようという私たちの問題提起に、もっと議論してほしいというポジティブな反応をたくさん頂いた。複数の媒体で記事にもなった。何より嬉しかったのは、登壇者も聴衆も「マスゴミけしからん」という負の感情の連帯で盛り上がったのではなく、「なぜこうなっているのだろう？　もっといい表現方法があるのではないか、もっとポジティブなメッセージを共有したい」という意欲と関心を共有できたことだ。

今は批判される表現でも、30年前には受け入れられていたものがたくさんあるように、マスメディアの表現はその時代の空気を映す。人々の暮らしを形作る不文律やその規範ゆえに生み出される息苦しさ、大衆の欲望や不安を可視化するものであり、世間が共有している文脈に沿って半歩先をいくような気の利いた作品が受け入れられる。炎上案件は、その文脈を読み違えて情報の受け手とのコミュニケーションに失敗したと言える。そうした作品が世に出るまでに異論が出なかったり、異論が出たのに生かされなかったりしたのであれば、意思決定の場が独善的かつ閉鎖的であった可能性が高い。

多様化が進む社会においては「世の中には、自分とは違うものの見方がある。自分の死角はどこだろうか。異なる視点を持つ人々が共有し共感できるような表現はどのようなものだろうか。それによって生み出される価値とはなんだろうか」と謙虚に考える必要がある。MeDiのシンポジウムも対話の場を開くという手法をとりながら、社会が多様性を増す時代の表現のあり方について考察することが重要だろうと考えた。

いわゆる炎上案件でも、対話を重視したアクションが功を奏している。２０１７年12月に開催した第2回シンポジウム「徹底検証　炎上リスク――そのジェンダー表現はアリか」に登壇したＬＧＢＴアクティビストで認定ＮＰＯ法人グッド・エイジング・エールズ代表の松中権さんは、同年9月にフジテレビが男性同性愛者を揶揄する保毛尾田保毛男《ほもおだほもお》というキャラクターをおよそ30年ぶりに復活させたことに対して抗議文を提出し、同社幹部と意見交換会を行った。その結果、フジテレビは謝罪を表明している。

30年前は、子どもが見る人気番組の中で男性同性愛者を揶揄するキャラクターを放送しても問題にならなかった。しかし、見ている人の中には当然同性愛者もいたはずで、彼らは周囲に合わせて笑いながら、同性愛が嫌悪され軽蔑されるような社会に対して強い不安と恐怖を感じていたはずである。その後、当事者や支援者らによって差別や偏見をなくすべく様々な努力が積み重ねられてきた。性的少数者に関する知識が広まり、今では同性パートナーに証明書を発行する自治体もある。ＬＧＢＴという言葉を正確に理解している人は必ずしも多くはないが、報道などにより、次第に広く浸透しつつある。フジテレビも社屋を虹色にライトアップするなどして、性的少数者への理解を深める活動をしている。なのに、なぜ差別的なキャラクターを復活させたのか。それには意思決定層の意識の遅れが大きく関わっていたという。制作現場では疑問を呈する声もあったそうだが、30年前の感覚のままの上層部には届かなかった。

松中さんは、フジテレビが謝罪表明したことを評価しつつ、今後の業界全体にとっていいきっかけになればと語っている。大手広告代理店に勤務していた経験があり、いわゆるマスコミ業界のハラスメントや差別に関する認識不足と風通しの悪い組織構造を知っている松中さんだからこそできた力強く建設的なアクションだといえよう。

もう一つは、２０１９年5月に開催した第5回シンポジウム「わたしが声を上げるとき」に登壇したVoice Up Japanの山本和奈さんの例である。２０１９年1月、扶桑社の『週刊ＳＰＡ！』の記事中の「ヤレる女子大学生ＲＡＮＫＩＮＧ」が極めて性差別的でありかつ特定の大学の女子学生たちへの偏見を助長するものであるとして激しく批判された。名前を挙げられた大学はいずれも抗議声明を出し、山本さんら女子大学生有志がネットで記事の取り下げと謝罪を求める署名を募ったところ、正月早々にも関わらず瞬く間に5万人あまりもの署名が集まった。それを携えて、彼女たちは編集部と話し合いを行った。

言うまでもなく、女性は意思を持った1人の人間であり、男性が一方的に「ヤレるか、ヤレないか」を判断するのは女性の人格を無視した差別的で暴力的な発想である。性行為は両者の合意のもとに行われるべきもので、相手の性的同意（セクシュアル・コンセント）なしには成立しない。スウェーデンやドイツ、イギリス、カナダ、アメリカのニューヨーク州など、本人の同意なしの性行為は性暴力とみなされる国もある。

山本さんらとの話し合いで、編集部は女性をモノ化する視点に無自覚であったことを認め、3月と10月にセクシュアル・コンセントについての特集を組んだ。抗議して終わるのではなく、編集部に認識をアップデートしてもらうべく働きかけた山本さんらと、それに耳を傾けて反省し、読者にも周知するべく特集記事を組んだ編集部の前向きな行動により、社会に深く根付いている性差別や歪なセックス観が「もう当たり前ではないこと」として人々に印象付けられたことの意義は大きい。

とはいえそれは形ばかりの〝反省〟と〝理解〟であるという批判もある。対話と行動の次に〝価値観と習慣の変化〟というステージにまで持って行くことがいかに重要でありかつハードルが高いか、そのあたりは281頁からの田中東子さんと武田砂鉄さんの対談をお読みいただきたい。

変わらないテレビの世界

今に至る変化の始まりは2年前だった。2017年にアメリカの著名な映画プロデューサー、ハーヴェイ・ワインスタイン氏によるセクハラや性暴力を被害女性たちが告発したことから世界に広まった#MeTooムーブメント。その波は日本にも及んだが、他国ほどの広がりは見せなかった。ジャーナリスト・山口敬之氏による性暴力を告発した伊藤詩織さんは、苛烈なバッシングや脅迫を受けて海外移住を余儀なくされた。翌2018年の4月に起きた財務事務次官によるテレビ局女性記者へのセクハラ問題でも、やはり被害女性が攻撃された。しかし女性記者たちが社を超えた横断的な連帯を見せ、霞が関とメディア業界のセクハラに対する認識の甘さを追及した。それをきっかけに、あまり取り上げられてこなかった#MeTooの動きがニュースになり、さらにはセクハラやパワハラなどの問題が数多く報じられるようになった。

いわゆる体育会系の組織や、男性中心の滅私奉公が礼賛される企業では、日常のコミュニケーション自体がハラスメント的であることも珍しくない。不快に思っても受け流したり我慢するのが大人の心得とされ、むしろそうした理不尽さに適応し美化することが奨励されてきた。しかしここへきてそうした慣習が人権侵害として認識され、「よくあること」だった言動が、「あってはならないこと」として問題視されるようになった。スポーツ界のパワハラや芸能界のセクハラと搾取、芸人の差別発言など、以前だったらニュースにならなかったことが続々と報じられているのもその表れだ。私が実感する限りでは、バラエティ番組の収録や情報番組の生放送の現場でも、そうした問題に対する出演者の感受性は若い世代を中心に2年前よりも明らかに高まっている。

しかしメディア業界の企業風土は最後の昭和とでも言おうか、多様化が進まず、人権と表現という肝心のことについてもなかなかアップデートされない。テレビでは「お行儀がよくなったらつまらなくなる」という強迫観念もある。これはおそらく80年代以降テレビ業界で受け継がれてきた「非常識でないと面白くない」という呪いに囚われているのだろう。

高学歴のエリートサラリーマンであるテレビ局社員は、世間知らずの優等生であることに密かに負い目を感じており、たたき上げのクリエイティブな才能への強い憧れがある。会社員としては法令遵守が大事だと分かっていても、そんなものに囚われない自由な表現者を気取りたい気持ちが「それじゃ面白いものなんか作れないよ」と言わせるのかもしれない。だが、もし真にクリエイティブであるなら、人権に配慮した上で新しいものを生み出せるはずである。実際それだけの優秀な人材がいるはずなのだが、上意下達の組織構造と体育会ノリの弊害で、若手の声がなかなか生かされない面もある。30代、20代のテレビ制作者の中には上の世代よりもまともな人権感覚の持ち主は少なくない。しかし相変わらずの非人間的な働き方に嫌気がさして現場を去る者も多い。テレビが過去の栄光にすがった自己模倣をやめない限り、こうした新しい才能は他の映像メディアに移っていってしまうだろう。炎上案件が増えたのも、ネットが発達し社会の多様化が進む中でそれまで〝ないこと〟にされてきた様々な生き辛さが言語化され、あるいは少数者の声が可視化されて、マスコミの旧来の表現に違和感を覚える人々が増えたからである。それを「うるさい、面白くない」と言ってしまう作り手に未来はない。

かねてメディアにおけるジェンダー差別や少数者排除の問題を指摘なさっていた林教授のもとに、同じ問題意識を持った女性たちが集まってMeDiが誕生したのは、偶然にもそのような時代の流れに先駆けたタイミングだったのである。これまでもいろいろなところで、メディア業界のマッチョな体質や女性蔑視的な習慣に異議を唱え問題提起してきた人々がいた。多くの場面で黙殺されてきたその声が、内輪の問題ではなく日本社会の病理の表れの一つとして議論されるようになったことには、希望が持てる。

個人的にも、テレビの表現のあり方について25年近く考えてきた。それは職場でジェンダーの壁にぶつかったことと深く関わっている。説明するにはちょっとした自分語りが必要になる。最終的にちゃんと本題に帰結するので、しばしこらえてお読み頂きたい。

アナウンサーになるまでの私の物語

1972年生まれの私はいわゆる団塊ジュニア世代。子どもの頃、〝日本は焼け野原から経済大国になった奇跡の国として、世界の尊敬を集めている〟というストーリーを素直に信じていた。両親は昭和8年と12年生まれで幼少期に戦争を体験しており、2人とも飢えと貧困で苦労した。日本は戦争に負けて反省し、悪いことやひどいことは全て終わったと、親も教師もメディアも繰り返し語った。それを聞いて、豊かな日本で生まれた自分はなんてラッキーなのだろうと思っていた。

戦争はずいぶん前に終わったし、蛇口からはきれいな水が出るし電気もつくし、お腹を空かせて泣くこともないし、学校にも行ける。服も文房具もおもちゃも、いつでも手に入る。なんと言っても、日本は世界が羨むお金持ちの国なのだ。父の書棚にあったエズラ・ヴォーゲルの『ジャパン・アズ・ナンバーワン』の背表紙をぼうっと眺めながら、幼い私は明るい未来を信じていた。公害も差別も病気も、悪いことはぜーんぶ21世紀には解決するんだと思っていた。いい学校に入って、いい会社に入れば生涯安泰というおとぎ話が、奇跡的に現実になっていた時代に、私は世界と出会ったのだ。

まあそんなお花畑を生きることができたのは、たまたま東京で一部上場企業に勤める父と専業主婦の母の元に生まれたからで、要は相当な世間知らずでもあった。住んでいたのは東京西部の多摩丘陵を切り開いた新興住宅地。住宅ローンを組んで憧れの一戸建てを建てたサラリーマンたちの寄せ集めの町だ。都心まではぎゅうぎゅうの痴漢だらけの満員電車を乗り継いで、2時間近くかかる。地域コミュニティの歴史がなく、親戚づきあいが希薄な上、中学から私学に進んだので地元の友達とも別れ、どこにも根っこが繋がっていない、宙ぶらりんの気持ちだった。しかしそのおかげで、地縁血縁の縛りがなく、家父長制的な因習や男尊女卑のしきたりなどとも無縁でいられた。学校でもテレビでも「今は昔と違って男女平等になりました」と聞かされていたから、そうなのだと信じていた。

受験して入った私学の女子校はいわゆる良妻賢母教育ではなく、自立を重んじる校風であった。生徒が全員女子というホモソーシャルな世界では、自分たちが社会的には〝女〟という存在であることを殊更に意識する機会はほとんどなかった。生理は禁忌ではなく、〝女の子らしくない子〟がからかわれることもなく、委員会や部活動も男子がトップで女子がサブなんていう区分けはないので、人望のある者がリーダーになり、力持ちは重いものを持ち、おしゃべりは場を盛り上げ、適材適所で活躍した。もちろん人知れず性別違和に悩んでいた子もいたはずだが、少なくとも教育方針や同調圧力によって規範化された〝女らしさ〟の押し付けはなかったと記憶している。

家の中でも、男を立てて黙って耐えろという空気はなかった。母親は屈折した反骨精神の持ち主で、女の人生は男次第と信じながらも、男の言いなりになることには抵抗していた。貧しいDV家庭に育った彼女にとって、昭和30年代にエリートサラリーマンと結婚して、専業主婦として首都圏の分譲団地で暮らし、夫の転勤で海外生活まで経験できたのはシンデレラストーリーの実現に違いなかった。母は家庭内では夫を立てる振る舞いをしてはいたが、生来の潔癖なまでの平等意識からふとした時に夫への反感や侮りを表してしまい、結果として娘たちに、抑圧された女の本音を雄弁に伝えることとなった。

母の分裂はそのまま2人の娘に受け継がれ、60年代生まれの長女は男女雇用機会均等法施行直後に大部分の大卒女性がそうであったように従来通りの腰掛就職をし、母よりも高い教育を受けながらも母と同じように寿退社をして、エリートサラリーマン家庭の専業主婦として生きる道を選んだ。一方で、70年代生まれの次女は男女雇用機会均等法施行から9年後に、男性と対等な待遇の専門職に就き、勤務先の放送局の〝出入り業者〟である制作会社の社員と結婚して、出産後も仕事を続けた。後年、母は「娘の1人は私の理想通りの安定した人生を、もう1人は自立した華やかな人生を歩んでいて、どちらも自慢の作品だ」と満足げに述べた。娘を作品扱いするところに、他人の評価でしか自分の人生の価値を計れなかった女性の悲哀がにじんでいる。

私が就活をする時に考えたのは「父と同じになりたい」ということだった。過干渉気味の家族からも、母や姉のような男だのみの人生からも自由になりたかった私にとって、経済的な自立は必須だった。男をあてにしなくて良い、ということは男性と同等に稼げばいいということだ。自分が知っている生活レベルを維持するには、最低でも父と同じだけ稼ぐ必要があるということになる。しかし中堅私立大の女子学生が大手商社の正社員を目指すのは、現実的ではなかった。他に一部上場企業の正社員として男性と同じ待遇で定年まで働ける仕事はないだろうかと調べるうちに、放送局に行き着いた。大学ではディベートのゼミに入っており、『NHK特集』が好きだったこともあって、報道記者やドキュメンタリー番組のディレクターになって社会課題の解決に貢献したいと思った。一方で、当時〝女子アナブーム〟でタレント化が進んでいたアナウンサーになって注目を浴びたいという気持ちもあった。

のちに気づいたことだが、私には「男にとって価値のある女でなければ、男からも女からも認められないのではないか」という強い不安があった。そのような評価とは遠いところで生きてきたからこそ、大人になるなら〝価値ある女〟にならなければと思った。父のように稼ぎたいという気持ちと、母や姉のように〝みんなが羨む女〟にならねばという気持ちをどちらも満たしてくれる唯一の職業が、アナウンサーだったのだ。同様の発想は、いまだにアナウンサーを志す女性の間で顕著である。それは女が愚かだからではなく、日本社会で女性の置かれた立場や女性に対する評価が、この30年で何ら変わっていないことの証左であると言えよう。

生産性が低く経済成長が見込めないにもかかわらず、日本ではいまだに長時間働く男性が家族を養うことを前提にした制度のもと、職場でも地域でも男性が意思決定を行い、女性に対するルッキズム、エイジズム、セクシズムが蔓延している。中でもマスメディア企業はグローバルな競争にさらされることもなく、それらの価値観が濃縮された企業風土をいまだに維持したまま、情報発信を続けている。その結果、コンテンツ消費としても就職先としても〝女子アナ人気〟は衰えないというわけだ。

〝女子アナ〟になり切れない

実は局アナをしていた頃から私はこの〝女子アナ〟なる言葉に強い抵抗を覚えており、その正体をずっと考え続けてきた。アナウンサーとして働く女性たちにどのような眼差しが向けられ、〝女子アナ〟たちの何が商品として消費されているのか、つまりは自分は何の対価として給料をもらっているのかを自問し続けた。その答えは退社の日に、懇意にしていた男性役員から発せられた言葉によって明らかになった。

彼は「これからは小島に出演料を払わなきゃならないのか？　俺にはできない。女性に値段をつけることなんてできないよ」と言ったのだ。あたかもフェミニストであるかのような口ぶりだった。なるほど15年間の私の高い給料は、実績でも能力でもなく、ただ女性であることに対して支払われていたということか。社員アナは、番組の制作費から予算を割かなくて済む〝タダで使えるみんなの女〟。それが独立して出演料を取るようになるのは商売女になるということで、自分はそんな金は払えない、という理屈である。俺の女なら飼ってやるが、店に出るなら知らねえよという何重もの女性差別の本音を我知らず漏らしたこの役員は、別に特殊な人物ではない。差別どころか女性を優遇しているつもりでこのような発言をする人は男性にも女性にもいる。しかしこれほどまでに〝女子アナ〟なるものの本質を表した台詞はないので、ぜひ石に刻んで放送局の玄関に立てておいてほしいものである。

社会学者の北出真紀恵によると、〝女子アナ〟という呼称は、女性アナウンサーに対する社内的な呼び方が、男性向け週刊誌を介して一般化したものであるという（『「声」とメディアの社会学』晃洋書房、２０１９年）。フジテレビでは、１９８１年にそれまで契約社員だった女性アナウンサーが正社員化したのをきっかけに、女性が長く働けるようになり、様々なジャンルの番組での起用が広がった。ところがそれは、実力が伴わなくてもまずは女性を画面に出すという動きを強め、女性アナのタレント化につながったと北出は指摘する。メディアプランナー／放送作家の草場滋によれば、〝女子アナ〟という言葉は1987年にフジテレビが出した『アナ本』が初出であるという。その年は中井美穂アナ、翌年は河野景子・八木亜希子・有賀さつきの3人の新人女性アナが入社し、いわゆる〝女子アナブーム〟が始まった年だった。有名大学を卒業した美人の〝お嬢様〟が当代きっての花形企業に数千倍の競争率を勝ち抜いてアナウンサーとして採用され、高収入と終身雇用が保証された正社員の座を手にすると同時に、全国ネットのテレビにいきなり登場する。そのエリート然とした経歴とは裏腹に、彼女たちは物知らずやおっちょこちょいやお色気や可愛らしさで注目を集め、タレントに頭を叩かれたりした。高級OLは身近で遠い存在であり、〝女子アナ〟は、アイドル顔負けの人気を誇るようになった。

この経緯にはなんとも言えない哀しみを覚える。女性を正社員として長い目で育成できる余裕が生まれたタイミングで、注目されたのは彼女たちの喋り手としての資質ではなく、若さと素人らしさだったのだ。女性活躍という掛け声に浮き足立った組織でよく見られることだが、うっかりすると「女性を引き立てる＝職場の華として持ち上げる」という発想に陥りやすい。私もつい先日、現役と元職の女性アナを集めたある番組で配られた台本に「職場の華として日々活躍する女性アナの皆様」という文言が書いてあるのに遭遇した。もちろん番組側に全く悪気はない。

そもそも女性契約社員は男性社員の花嫁候補として若さと容姿が取り沙汰されがちであり、男性正社員も新卒一括採用の終身雇用制度で〝手垢のついていない人材であること〟つまり処女性と組織への忠誠心が重視される。正社員化した女性アナウンサーに、若くて可愛くて世間知らずの優等生社員であることが求められたのは当然とも言える。日本型企業で働く女性契約社員に求められる要素と男性正社員に求められる要素とが融合した形で誕生したのが〝女子アナ〟だったのである。アイドル並みの容姿と人気を誇りながら、決して出過ぎた真似はせず「会社のために頑張ります！」と昼夜を問わず健気に働く〝女子アナ〟が社内からも視聴者からも好かれるのは、それが日本社会で働く人々の心情に強く訴えるからであろう。

以前、大学在学中にホステスとして働いていたのは「清廉性がない」という理由で大手放送局アナウンサーの内定を取り消されたのは不当だとして、女子学生が会社を相手取って訴訟を起こしたが、これはまさに〝生娘〟を専属の職場の華として育成したいという採用側の欲望がはっきりと表れている事案である。この一件では、採用サイドの接客業の女性に対する差別意識と、女性アナウンサーを自社専属の接客係（顧客は視聴者と自社の意思決定層）とみなしてチヤホヤする心理とは表裏一体であることが露呈した。先述の役員の「女性に値段はつけられない」という発言と同じである。

つまり相手の女性性を存分に搾取しながら「これは商品ではない」と言える状態が望ましいのであり、明らかに売り物の女性は興醒めだというわけだ。こうした考え方は男性に限ったことではない。私は以前、ある放送局の社員と思しき女性がヘアサロンで美容師相手に「女子アナはうちの商売道具だからさ、こうもバカばっかりじゃ困るんだよね」と聞こえよがしに話すのに遭遇したことがある。女性アナウンサーを商品扱いすることがかっこいいと思っているのかもしれないが、そのような企業風土に染まれば女性であっても中身はセクハラオヤジと同じになる。

多くの場合、女性を職場の華として盛り立てている側には全く悪気はなく、従来の女性観に則って最大限の善意を働かせたつもりなのである。そしてその恩恵を受ける側も悲しいかな同様の女性観がインストールされているため、自分は特別扱いをされている、女に生まれて得をしたと思いがちだ（入社当初の私はまさにこれだった）。〝女子アナ〟とは、上を見て生きるしかないサラリーマン渡世の象徴であり、この社会のミソジニーと女性のモノ化と、そのような男性優位社会でのサバイバル術として自らを商品化して〝女子〟を偽装するほかない女性たちの哀しみとが詰まった、実に味わい深い呼称なのだ。

大手民放のアナウンサーに内定した時、それはそれは嬉しかった。これで誰にも養ってもらわなくても生きていける！　自由だ！　たとえ相手が文無しでも、好きになった男と番えるぞ！　と思った。誰もが知っている有名企業で、世間の平均の何倍もの高い給料を稼ぐ自分は強者だ、と誇らしく思った。

「誰のおかげで暮らしていけると思っているんだ」と言った父とも、これで肩を並べることができる。私をふった元彼よりも高い給料をもらって、同級生の男子の誰よりも有名になるのだ。毎朝満員電車で尻に手をのばしてきた痴漢どもも、耳元に臭い息と舌打ちを浴びせかけてきたオヤジどもも、小6の女子児童に上半身裸で身体測定を受けさせて、ニヤニヤしながら品評したクソ教師も、もう虫ケラみたいなもんだ。私はお前らなんかとは格が違う、日本のサラリーマン社会のお貴族様なんだぞ！　と思った。その選民意識こそがまさに自分を追い詰めた〝稼ぐ男が偉い〟という価値観の醜悪な表れであることを当時は全く自覚していなかった。

入社して程なく、私は自分の脳みそではなく属性が商品であることに気がついた。「TBS新人アナウンサー小島慶子です！」と言うたびに、ただの小島慶子じゃいけないのか？　という思いが大きくなった。「新人らしくない／新人のくせに」「女子アナらしくない／女子アナのくせに」に振り回されて、何が正解かわからなくなった。どうやら理想の新入社員と理想の女子を同時にやれと言われていることはわかったが、それがどういうものなのか、想像がつかなかったのだ。実は、内定が出るときに同期3人のうち私だけが保留された。

人事部の人が「あなたをアナウンサーで採用することに強固に反対している役員がいましてね……ちょっと待ってくださいね」と電話をかけてきた。結局数日後にアナウンサーで内定が出たのだが、今思えばその役員は慧眼だった。

〝女子アナ〟をやる技術というのは研修で身につくものではなく、その人が幼い頃からの生活環境の中で身につけたコミュニケーションスタイルがそのまま出るのである。他人の欲望を体現することが習慣化しているほどこなしやすい。私は先述したように、男性を立ててニコニコ良い子をやるという型とは全く縁のない育ち方をしたので、実に〝無粋〟であった。ある地方出身の女性アナにしみじみ言われたことがある。「小島はどうしてそんなにはっきり意見を言うの？　私は実家でもずっと〝女はニコニコして男の意見を聞いていろ〟と言われて育ったし、そんなふうにはっきり物を言うこと自体が怖くてできない。すごいと思うけど、なんでわざわざそんな大変なやり方をするの？」と心配してくれたのだ。その通り、彼女は生来の〝女子アナ〟らしさが身についていた。でも私はいくら真似しても、どうしてもうまくできなかったのである。そんな自分を随分責めたが、あるときふと、おかしいのは私じゃなくて〝女子アナ〟ってやつの方だと気がついた。そして一見適応しているように見える彼女たちも、胸の内には複雑な思いを抱えているということも。

私は父のような経済的強者になりたかったのと同時に、そうした強者が女性に向ける眼差しを憎んでいた。「誰のおかげで」と言った父だけでなく、母や姉が私に擦り込んだ「値踏みする男の視点」を憎んでいた。その眼差しは女の顔や体つきを品定めし、愛されるためにもっと努力しろ、じゃないと幸せになれないぞと脅す。テレビにも雑誌にも家族の言葉にも、耳目に触れる全てのものにそのメッセージは仕込まれていた。その呪いから、なんとかして自由になりたかった。お金さえ自力で稼げれば、品評会から離脱できる。だけどやっぱり〝高級な女〟でいたいという矛盾した思いもあった。当時の男の勝ち組である父の価値観と、女の勝ち組である母の価値観を取り込んで、全方位的に勝ちたいと欲張った結果、まさにそれを全て体現しているような〝女子アナ〟と呼ばれる職業にたどり着いたというわけだ。

誰も幸せになれない社会

いわゆる男社会の弊害を言うときには、男が加害者で女は被害者という二項対立になりがちだが、硬直したジェンダー観の強化には女性も加担している。私が生まれた1970年代は専業主婦が多数派で、男性労働者を効率的に働かせるために女性はそのバックアップに従事し、男は稼ぎが多い方が、女は料理と子育てが得意な方が幸せになれるという物語をしっかり次世代に仕込んだ。戦前生まれの私の母などは、それで実際幸せになれた世代である。

今、20代女性の保守化が言われている。「男性は外で働き、女性は家を守るべき」と考えて専業主婦に憧れるそんな女性たちは、一つには現状認識ができておらず60年代生まれの親から仕込まれた幸せの法則を悠長に信じているのかもしれないが、一方では男性も女性も老人になるまで働き続けなければ生きていけないという現実を前に、「男」役をやることへの強い不安を覚えているのではないかと思う。

家事と育児に専念する「女」ロールが成り立たなくなった今、彼女たちに用意されているのは勝ち組男のロールではなく、安い給料と不安定な雇用で働き続ける負け組男のロールである。男女格差が大きく働き方が硬直化した社会で、女性に働き続ける人生を選べというのは、ワーキングプアを増やすことに他ならない。食えない者同士でくっついてやりくりして子どもを産めというのが、どうやら日本の「女性活躍」の本音らしい。そんな不穏な空気を感じている若い女性たちは、もはや再現不可能になってしまった「結婚したら仕事を辞めて子育てに専念する」という母親世代が手にしていた選択肢を必死にイメージして、負け戦に駆り出されるのを拒んでいるのかもしれない。

一方で、男は男らしくという刷り込みによってあらかじめ退路を断たれていた男性たちも、ここへ来て「男はしんどい」と声を上げ始めている。自分の父親と同じように身を粉にして働いても稼げる額は父親の8割ほどだ。24時間滅私奉公で稼ぎ続けるロボットのような人生にはもはや何のご褒美も用意されていないことがわかっている。従来の「男らしさ」に義理立てするメリットはない。今や結婚しても妻には仕事を続けてほしいと希望する男性が多数派で、家事育児をすることに抵抗がない男性も増えている。しかし共働きをあてにされても女性は困惑する。男性の年収の3分の2しか稼げない上に多くは非正規雇用で、出産すれば職場では厄介払いされる。夫にやる気はあっても男性の育休取得は難しくパタハラもある。結局は妻がパートをしながらのワンオペ育児になるのは目に見えており、保育園に入れなければ仕事復帰すらできないのだ。「女性も働いて自立を」と言われても、見えている結果が家計のやりくりに苦労するワンオペ育児なら出産しようとは思わないだろうし、そんな苦労をするくらいなら高収入の男に養ってもらいたいと思っても無理はない。だが希少種の稼ぎのいい男は、同じくらい学歴が高く稼ぎのいい女性が学生時代から確保してしまうので、そうそう余ってはいないのである。

昭和の稼ぐ働き手の量産体制でも、平成・令和の稼げない働き手の増産作戦でも、「働きながら家族と生きる」という人間として当たり前のことが不可能な働き方を強いる限りは誰かが犠牲になる。それは大抵女性である。万歳三唱で夫と息子を送り出し空襲で焼かれた国防婦人も、猛烈サラリーマンの母親役を課された妻たちも（80年代にヒットした『聖母たちのララバイ』という曲の歌詞を読んでほしい。特に2番）、カツカツの共働きでワンオペ育児に泣くママも、人が人らしく生きられない理不尽な働かせ方を強行するための人身御供である。

女性差別や女性蔑視は、そのような理不尽な構造に甘んじるしかない立場に女性を囲い込んでおくための呪文でもある。先述の〝女子アナ〟のロールにも顕著なように、テレビを通じて視覚化される「女は男よりも頭が悪い」「生意気な女は嫌われる」というメッセージは、女性が現状に不満を抱かないようにするための刷り込みとして機能する。女は従順な方が愛されると考えている限り、女性は貧乏くじをひかされ続けるのである。女が人柱になるのは一義的には配偶者のためだろうけれども、その配偶者の男性たちもまた、時間と労力と人間性を搾取される、組織のコマでしかない。女も男も幸せになれない世の中で、結局誰が得をするのだろうか？

ジェンダーの問題を考えると、どうしたって権力との関係を考えざるを得ない。だからこそ本来権力を監視するべき報道機関であるメディア企業がジェンダーに関する物事をどのように表現するのかは非常に重要なのである。

長かった。ここまで来るのに1万字ぐらいかかった。実はこの「女として生きる」の他に「メンタル疾患を抱えて生きる」「発達障害と生きる」「移民として生きる in Australia」など私にはメディア表現と多様性を考える上でいくつかの当事者マターがあるのだが、それを書くとこれとは別に一冊の本にしてくれという分量になるのでやめておく。いずれにしろ、メディア表現と多様性について検討することは社会にとって必要なだけでなく、私にとっては自分の属性とも深く関わるテーマなのである。

マスメディアは、人を追い詰めて孤立させる力も、人と人の間に橋をかけて励ます力も持っている。かつては新聞に勇ましい言葉があふれ、国土が焼け野原になった。『昭和史』（平凡社）で知られる歴史家の半藤一利さんは、戦争を知らない世代にできる平和活動は、日常生活の中から戦争の萌芽を注意深く取り除くことだと語っている。格差と分断が深まり、外国にルーツを持つ人たちが増えつつある日本において、これほど大切なことはない。「もっと違う表現ができないだろうか？」「みんなが心地よく感じる表現はなんだろうか？」と考えることは、多様な人々を包摂する社会を作る上で欠かせないことだ。

この本に収録されたシンポジウムの記録は、読めば分かる通り完璧な結論に至っているわけではない。読み終えたあなたの胸の中に何かを言いたい気持ちが湧いたのなら、とても嬉しい。MeDiにはこれからもやりたいことがたくさんある。次はワークショップかもしれないし、またシンポジウムかもしれない。その時にはぜひ参加して、あなたの意見を聞かせてほしいです。

03

つながることで変わること

――女性ジャーナリスト勉強会の20年

山本恵子

山本恵子　やまもと・けいこ

NHK 名古屋拠点放送局報道部副部長。1995 年 NHK 入局。金沢放送局、社会部、NHK の国際放送「NHK ワールド JAPAN」を経て、2019 年 6 月より現職。2001 年女性ジャーナリストの勉強会を設立し「いい人、いい情報を共有し、いい発信を」を合い言葉に 700 人を超えるメンバーとともに、女性としての視点を生かした発信を続ける。2009 年アジアソサエティより、アジアの若手リーダー「Asia21 フェロー」に選ばれる。11 歳の娘の母。

私が記者になったのは1995年。子どもの頃から教育のあり方、そして環境、とくに森林伐採などの環境問題が気になって仕方がありませんでした。大学で教育を学んだあと、大学院に進む前に留学したドイツで、途上国の現状を自分たちの暮らしとつなげて考える「開発教育」に出会いました。その後、大学院ではより平和で持続可能な世界のための教育として「国際理解教育」や「地球市民教育」を学び、そのためにメディアが果たす役割について研究しました。修士論文を書くために、当時はインターネットもなかったので、こうした教育を研究している人に連絡して会いに行きました。最新の情報とともに、問題を解決するにはどうしたらいいのか、1人ひとり、直接聞きに行っていたんです。その中の1人にNHKの記者のOBの方がいて、「君は記者が向いている」と言われ、「そうか、記者という職業があるんだ」と思って、メディアへの就職を決めました。

NHKに同期入社した記者60数人のうち女性は14人でした。初任地は金沢で、警察回りからスタートしました。忙しかったけれど毎日新しいことを知るのが面白く、取材先も同僚も同業者も、男性がほとんどで、振り返ればセクハラもありましたが、当時は、それをうまくかわしてネタを取ってこそ一人前だと考えていました。

その考えが変わったのは、2000年に東京に異動し、社会部記者として働きはじめてからです。ちょうど「少子化」がニュースとして頻繁に取り上げられるようになり、その原因として「働く女性が増えたから」という報道を目にしたことがきっかけでした。自分も30歳くらいで、24時間営業のような感じで働いていたので、「こんな働き方をしていたら、出産どころか、結婚もできない」と思ったんですね。少子化の原因は、女性にあるのではなく、長時間労働を前提とした「働き方」にある。でも、自分がこうした声を拾って伝えなくては、当事者の声は報道されないんだと気づいたんです。それまでは、特に女性だからといって女性の問題をテーマにしていませんでしたが、初めて、女性であることを意識するようになりました。

勉強会を立ち上げる

金沢から東京に異動した年の暮れに、世田谷一家殺人事件が起こりました。それから4月まで「張り番」といって、毎日交代で警察署に詰めていなくてはならない状態が続きました。すると、各社1人ずつくらいは女性がいて、だんだんと話をするようになったんです。そうしたら、自分たちが問題だと思うテーマをデスクに提案してもなかなか通らない、ニュースや記事にならない、と共通の悩みがあることに気が付きました。最初は「ご飯でも食べに行きたいね」という感じだったのですが、なかなか集まれなかったので、いっそのこと女性記者が集まり、関心があるテーマについて講師を招いて、食事をしながら話を聞く勉強会を開いてみよう、と思い立ったんです。事件の報道もとても大事なことですが、世の中で起きている少子化や子どもの虐待、自殺などの問題についても、もっと知りたい、勉強したいと思いました。

まずは電通総研の鈴木りえこさんをお招きしました。鈴木さんは『超少子化――危機に立つ日本社会』（集英社新書、2000年）という本を書かれていて、私は学生時代にお会いしたことがあり、たまたまつけたラジオで鈴木さんが「がんばって仕事してるうちに出産がむずかしい年齢になってしまう」と少子化の背景にある女性の働き方の実態について語っていたのを聞いたんです。いくつかの偶然が重なって、2001年5月に初めての勉強会を開くことができました。最初から女性ジャーナリストのための勉強会を開こうと思っていたわけではなくて、何かを知りたくても時間がなくて、本を買っても「積ん読」ばっかりで、ならば直接本を書いた人を呼んで、みんなで話を聞こうと思ったのが始まりでした。

その後、月に1度程度、女性記者が集まってご飯を食べながら「話を聞きたい」と思う講師を囲み、話を聞いて学ぶ勉強会が続きました。テーマは教育から外交、待機児童問題、男女共同参画、働き方改革など、多岐にわたり、メンバーは、テレビ局、新聞社、通信社の記者、ディレクター、アナウンサー、出版社の編集者などが、社を超えて勉強会に集まるようになりました。勉強会の名前はいつの間にか「薔薇棘《ばらとげ》」に落ち着いたんです。

薔薇棘の由来

名前の由来は初任地の金沢時代に遡ります。金沢放送局には、ディレクター、カメラマン、記者、技術、と、それぞれの部署に女性がいました。ある日、みんなで話していたときに、雑誌の水着のポスターが貼ってあることについて「なんかやだよね」という話が出て、いったいどこからがセクハラなんだろう、それを特集した放送ができないかと思ったのです。街に出て行って、どこからがハラスメントだと思うか、インタビューしてみたらどうか、とか。で、その女性のプロジェクト名が、なぜか「美しいものには棘がある、薔薇棘」だったんです。メンバーで盛り上がって、提案してみたのですが、あっさり却下されました。

勉強会は、そのときの名前を使ってしまったんです。でも金沢時代の同僚たちも全員薔薇棘メンバーなので、「元祖薔薇棘メンバー」と呼んでいます（笑）。

勉強会は、最初は私が「ご飯を一緒に食べたい」と思う人を誘ってスタートしました。勉強会で学んだことは、自分のためだけでなく、世の中をよくするために共有し、発信してほしいというのが根底にあります。勉強会には、自然に、社会的な課題を解決したい、なんとかしたい、と思う人たちが集まってくるようになりました。勉強会で学んだことは、各自が発信や行動につなげていく。勉強会には、さまざまな分野から講師が来てくれますが、メンバーの中には、その分野を長く取材している記者や専門家もいるので、単に講師の話を聞くだけでなく、その取り組みや社会的な課題を解決するためには、こうしたらもっといいのではないか、といったアイディアも出て、シンクタンクのようでもあります。この人の話を聞いてみたい、と考え方やその活動に賛同する人を講師にお呼びしていることもあり、不思議と一体感がある勉強会なんです。

ＭＬ（メーリング・リスト）は大学時代の友人が管理してくれています。昭和天皇の単独インタビューをした、ニューズウィーク誌の元東京支局長、バーナード・クリッシャーさんをお呼びしたときに、英語の手紙を書く手伝いをしてくれたのがきっかけです。ＩＴにも詳しいので、ＭＬやホームページも作ってくれました。それまではほぼ、私が一斉メールで、メンバーに勉強会の案内や報告を書いて送っていたんですが、ＭＬができたことで、メンバー同士が発信できるようになり、勉強会に来なくても、勉強会の内容が共有できるようになったのです。

また、勉強会では、私は飲み過ぎていつも途中で酔っぱらってしまうので、メールでの報告が途中まで、というのが恒例だったのですが、彼女が加わってくれたおかげで、勉強会の最後までの完璧な報告がみんなに届くようになりました。

講師に来てくださった女性も希望する方はメンバーになるので、ある問題が起きたときに、法律的に見たらどうなるのかとか、海外と比較するとこうだとか、MLにはすぐにさまざまな専門家が必要な視点を提示してくれます。こうして、メンバーがこれはと思う人を連れて来たり、私が取材先で知り合った人を誘ったりして、NPOの代表や、弁護士、医師、研究者など、今ではメディアの他に多彩なメンバーも加わって、2019年の9月現在は、760人を超える女性がMLに参加しています。

メンバーは700人を超えますが、1回の勉強会には、だいたい15人から20人が参加します。元厚生労働事務次官の村木厚子さんをお呼びした会や、こども保険についての小泉進次郎議員の勉強会など50人を超えるメンバーが参加するときもあります。そのときどきのテーマに関心がある人や、つながるといいな、と思う人に声をかけて集まっています。

勉強会やMLには一つ、ルールがあります。そこで話したことはすべてオフレコということです。講師が初めからオープンにしていいということであれば別ですが、記事にする場合は再度取材をすることになっています。メンバーも個人の立場で参加しているため、勉強会やMLでは、安心して自由に発言することができるようにしています。

MLでは、日々、こんなことが起きている、という問題提起だったり、イベントや記者会見の予定といった情報のほか、こんなときどうしたらいいか、と、時には女性ならではのプライベートな悩みなどの相談もあって、お互いがメンターのように支え合う場ともなっています。

「赤ちゃん縁組」との出会い

2007年に名古屋に異動し、翌年に娘の真実を出産しました。育休から復帰して遊軍記者をしていたとき、名古屋管内では、虐待で子どもが死亡する事件や、へその緒がついたままの赤ちゃんが海に浮いていたり、ゴミの集積場に遺棄されていたりと、痛ましい事件が相次いでいました。何か対策はないかと取材するなかで、2012年8月、愛知県の子どもの虐待防止に取り組むNPOが、全国の児童相談所の職員向けに、虐待から赤ちゃんの命を救う説明会をすると聞き取材しました。説明会では、虐待死で最も多いのが、0歳児で、その背景には予期せぬ妊娠があるため、愛知県の児童相談所では、30年前から、産んでも育てられないという女性の相談に妊娠中から乗り、生後間もない段階で里親に託し、その後「特別養子縁組」という制度で、戸籍上も実の子として育てる「赤ちゃん縁組」をしていると知りました。赤ちゃんの命だけでなく、産みの親も、育ての親も救う「三方良し」のしくみに感激すると同時に、こんな素晴らしい取り組みが、なぜ全国の児童相談所で行われていないのか疑問に思い、全国に発信しなくては、と思いました。

薔薇棘勉強会は、名古屋でも続けていましたので、さっそく9月に、愛知県の児童相談所で「赤ちゃん縁組」を始めた、社会福祉士の矢満田篤二《やまんたとくじ》さんと、矢満田さんの取り組みを引き継ぎ、愛知県のすべての児童相談所で取り組めるようにした、元児童相談センター長の萬屋《よろずや》育子《いくこ》さんを講師に招いて、勉強会を開きました。名古屋の新聞、テレビの記者やディレクター、アナウンサーに加え、東京からもメンバーが参加しました。２人の話は衝撃的で知らないことばかりでした。

30数年前、児童相談所の職員だった矢満田さんが、赤ちゃん縁組を始めたきっかけは、乳児院で、一度も親が会いに来ない子どもたちに出会ったこと。日本では実の親と暮らせない子どものほとんどは乳児院で育ちますが、そもそも生まれたときから産みの親が育てられないなら、育てたいという里親に託して温かい家庭で育つことが子どもの最善の利益。

愛知県の児童相談所では、予期せぬ妊娠で悩む女性の相談に乗り、出産後も里親委託する意思が変わらなければ、産院で赤ちゃんを育ての親となる人に抱いてもらい、名前もつけてもらうのが特徴。そうすると、本当の親子になる、と。

人は、生まれて3カ月の間に、特定の大人（親）が声をかけたり抱っこしたり世話したりすることで安心し、愛着の絆を結ぶことが不可欠だと言われています。乳児院では職員が交代で世話をするため人との信頼関係がうまく築けないなどの「愛着障害」になりやすくなるのだそうです。

赤ちゃんが「愛着障害」をならないためにも、もし生みの親が赤ちゃんを育てられない場合には、一刻もはやく養親につなげるのが赤ちゃんの幸せにつながる。つまり赤ちゃんのことをいちばんに考えた仕組みが「赤ちゃん縁組」だと聞きました。


勉強会では、具体的な事例も次々と語られました。乳幼児期に特定の大人から愛情を与えられなかった子どもは、里親に託されたあと親を試す行動をしたり、0歳からの育て直しが必要になる。実際に3歳になった女の子が、里親の愛情を試す行動を終えたあと、お母さんの膝の上で安心した様子で哺乳瓶でミルクを飲む写真を見て、涙がこみ上げました。子どもは、得られなかった愛情を「赤ちゃん返り」までして取り戻そうとします。「特定の大人（親）からの愛情は、それほどまでに必要なのだ」と、赤ちゃんでの縁組の必要性を実感しました。

そして、生んでも育てることができない事情は、性暴力による妊娠だったり、妊娠後に男性がいなくなってしまったりとさまざまで、決して批判されているような「安易な育児放棄」ではなく、やむにやまれぬものばかりでした。一方で、里親は長く不妊治療をしても子どもを授からなかった夫婦がほとんどです。子どもの虐待死で最も多い生後間もない赤ちゃんと、生みの親と育ての親をつなぐ「赤ちゃん縁組」は、虐待死から赤ちゃんの命を救う制度であり、さらに、産みの親を救い、子どもを育てたい夫婦、そして、児相の職員までハッピーになる制度なのだと聞きました。

勉強会の後、「赤ちゃんの命を救う、赤ちゃん縁組を全国へ」と、それぞれが動き始めました。

まずはNHKの名古屋局では、勉強会にも参加し「一緒に番組を作ろう」と言ってくれた野林亮ディレクターと共に取材を始めました。野林ディレクターは、NHKスペシャル「無縁社会」の制作にも参加し、ホームレスの人を多く取材していくなかで、30代でホームレスになる人は施設出身の人が多いと実感していました。彼らは人間関係がうまくつくれず、これも「愛着障害」と関係しているのではないかという問題意識を共有していました。

野林ディレクターと、縁組で授かった赤ちゃんを産院で初めて抱っこする夫婦の様子や、実際に赤ちゃん縁組で親子になった家族を取材し、日々のニュースで5分程度のリポートや記者解説として放送したほか、2013年11月には地方発（中部7県）ドキュメンタリー「〝赤ちゃん縁組〞で命を救え」、そして2014年1月には、クローズアップ現代「〝親子〞になりたいのに――里親・養子縁組の壁」などの番組を制作し、全国に向けて発信しました。

この問題を報道する際には、私自身に子どもがいるということも大きかったと思います。子どもはかわいいけれど、24時間一緒にいれば腹が立つときも、手をあげたくなるときもある。虐待をするかしないかは紙一重であることが子どもを産み育ててみて初めてわかりました。

それに自分で産んだ子どもを手放さざるをえない女性たちばかりが「無責任だ」と責められますが、妊娠させた相手はどうなんだろう、とも思います。生まれてくる赤ちゃんにはなんの罪もありません。そしてなにより取材で出会った「赤ちゃん縁組」で託された子どもたちが本当にかわいいんです。きらきらしている。命は愛情を注がれると輝くんだと。

同時に、もし、赤ちゃん縁組されていなかったら、この子たちはどうなっていたんだろう、と、複雑な気持ちにもなりました。

アジェンダを共有する

ＮＨＫだけでなく、勉強会に参加したメンバーも、各自、「赤ちゃん縁組」について取材し、自分の媒体で記事を書き、新聞やニュース、番組等で「赤ちゃん縁組」を取り上げていきました。

また勉強会に参加した誕生学協会の大葉ナナコさんが東京に戻り、次世代社会研究機構の西田陽光さんに「赤ちゃん縁組」について伝え、西田さんが日本財団につないでくださり、２０１３年５月には日本財団で「赤ちゃん縁組」についてのシンポジウムが開催されました。日本財団では、特別養子縁組の普及を目指すプラットフォーム「ハッピーゆりかごプロジェクト」が立ち上がりました（https://www.nippon-foundation.or.jp/what/projects/happy-yurikago）。

「生みの親と暮らすことができない子どもたちが、特別養子縁組や里親制度のさらなる普及により、あたたかい家庭で暮らせる社会を目指すプロジェクトです」とトップページにあるように、普及、啓蒙活動を主として、専門家の育成や研修が行われています。

さらに２０１５年１月には、メンバーの編集者の手で『「赤ちゃん縁組」で虐待死をなくす――愛知方式がつないだ命』（光文社新書）が出版されました。

私たちはそれぞれ、シンポジウムが開かれればそれを報じたり、自分で何か報道したらそれを薔薇棘のＭＬで報告したりする。すると、それを受けて、また別のメンバーが発信する。そんなことが繰り返されました。とにかく発信を絶やさない、発信を続けることが大切だと思いました。新聞でも、テレビでも、雑誌でも発信が続いたことで、「赤ちゃん縁組」が浸透していったんですね。報道するメンバーが、勉強会やＭＬを通じて、なぜ赤ちゃん縁組が重要なのか、「赤ちゃんの命を救う」という目的を共有していたことが大きかったと思います。

当時、厚生労働大臣だった塩崎恭久氏も「赤ちゃん縁組」に関心を持ち、矢満田さんから話を聞き、また議員による院内集会なども開かれ、２０１６年の児童福祉法の改正につながっていきます。児童福祉法改正で、生みの親が育てられない子どもは養子縁組や里親・ファミリーホームなど家庭と同様の養育環境で、継続的に養育されることが原則となり、これまで児童相談所の業務として明確に位置づけられていなかった養子縁組が、児相が取り組む業務となったのです。

この、改正児童福祉法までの流れについて、東京大学大学院生の清水麻子さんが、「日本におけるジャーナリストネットワークと社会的弱者支援の可能性——女性ジャーナリストの会『薔薇棘勉強会』の活動と2016年の改正福祉法成立の関係性に着目して」と題して、修士学位論文をまとめています。そこには、薔薇棘の活動が、次のように書かれています。

薔薇棘が他のジャーナリストネットワークとやや違うところは、メンバー全員が女性だということである。男性記者が中心のマスメディアの世界では、ジェンダーの視点からして大切な問題であっても、社として取り上げられること自体がむずかしい傾向はまだある。例えばセクハラ問題などは、典型であろう。今回も女性のセクシュアリティが核心にある問題であるため、女性ジャーナリスト同士の〈共感力〉を通じて、問題意識が共有化されたという点があるといえそうである」(清水麻子「日本におけるジャーナリストネットワークと社会的弱者支援の可能性」)。

清水さんが指摘してくれたように、メンバーには、虐待死から赤ちゃんを守るという課題解決のためには「赤ちゃん縁組」が重要、という同一のアジェンダがありました。

矢満田さんも、勉強会で「取材を受けたら他のメディアには言ってはいけないのだと思っていた」と話していましたが、通常、記者の仕事は、ネタ元と呼ばれる取材源から独自に情報を聞き出し、他社より先に、他社が知らないことをスクープとして報道することが求められます。しかし、これまで、記者として仕事をするなかで、スクープだけでなく、一緒に発信していくことも重要で、それによってジャーナリズムという職業に新たな価値をつくり出しているのではと考えるようになりました。

少子化という課題解決策として登場した「ワークライフ・バランス」という考え方が15年ほど前にイギリスから入ってきたときに、薔薇棘でも勉強会を開きました。企画として提案したのですが、その時は通りませんでした。その後、長時間労働是正、働き方改革とともに、新聞や雑誌、テレビなどで繰り返し取り上げられるうちに、「ワークライフ・バランス」は世論となりました。同じように、これまで、メンバーとともにやってきたことが「赤ちゃん縁組」の勉強会をきっかけに児童福祉法改正にもつながっていったのではないかと感じます。

女性を増やせば変わるのか

メディアは圧倒的に男性が多く、たびたびそれが問題として指摘されています。

メディアの男女比は、内閣府の『男女共同参画白書』によると、2018年の新聞・通信社の記者に占める女性の割合はようやく20％を超えたところです。この10年で2倍になっていますが、管理職の割合を見てみると、民放が14・7%、NHKは8・4%、新聞・通信社は6・6%となっています。国は、社会のあらゆる分野において、2020年までに指導的地位に女性が占める割合を少なくとも30%程度にする、という目標を掲げていますが、達成はむずかしいのが現状です。

女性比率だけでなく、何を紙面に載せるか、何をどの順番で放送するかを決める、編集責任者、最高責任者に女性がどれだけいるのかが問題です。民放労連女性協議会が2018年10月から2019年4月にかけて行った調査によりますと、在京民放テレビ局では、報道、制作、情報制作部門とも、女性の最高責任者の割合は「0」、つまり、いなかったのです。

内閣府の『男女共同参画白書』では、新聞や放送等のメディア分野における女性の参画は「提供する情報の内容が偏ることの防止や、性・暴力表現に関する有効な対策等、メディアが自主的に女性等の人権に配慮した取組を進めていく上で重要な役割を果たすものと期待されている」としています。実際、女性が増えるとメディアは変わるのでしょうか。

2017年に開かれた国際女性ビジネス会議で、「女性ジャーナリストがメディアを変える」というセッションが開かれ（http://www.women.co.jp/conf22nd/report/entaku_203.html）、女性がトップに立つと、子育て中の女性含め、多様な人が働き続けられるよう、働き方を含めて変えられる、その結果、紙面が多様になる、と指摘されました。

私も2019年6月から名古屋拠点放送局報道部の副部長となり、2カ月に1度、東海3県向けの夕方のニュース番組「まるっと！」の編集の責任（編責）を負うことになりました。50分間、どんなニュースをどんな順番で放送するか決める立場のため、初めての編責週となったときには、2018年7月、豊田市の小学1年生が校外学習に出かけ、熱中症の疑いで亡くなった事故から1年の特集を放送するなど、自分が重要だと思うテーマを特集することができました。視聴者にとっても大切なのは、男か、女か、ではなく、意思決定の場に多様性があることだと実感しています。

「メディアと表現を考えるシンポジウム」開催へ

薔薇棘の活動からはつぎつぎとスピンオフというか、新たな問題が提起され、新たな活動に結びついていています。その一つが、この本を書いているメンバーと始めた「メディアと表現を考えるシンポジウム」です。その経緯については小島慶子さんの2章を参照してください。

そのほかに教育の問題、#MeTooムーブメントなど、メンバーはそれぞれの媒体で大切だと思う問題の発言を続けています。

薔薇棘メンバーは今のところ女性だけですが、男性からも薔薇棘に入りたい、と言われることもあります。勉強会には男性にも参加してもらいながら、MLは、女性だけでつながる必要がないと思える時まで女性だけで続けようと思っています。薔薇棘のミッションとして世代をつなぐ、というのもあるので、若い人たちにもどんどん参加してもらいたいと思っています。会社のなかで、仕事で悩んでいても、ここへくれば、同じ悩みを乗り越えてきた人たちがいるので、つながり、励まし合いながら、一緒に仕事を続けていけたらいいなと思います。

忙しいなか続けてきた勉強会は18年にも及ぶことになりました。この薔薇棘があったから、仲間がいたから、仕事を続けてこられたと思っています。会社で自分が考えていることが否定されたとしても、薔薇棘のメンバーからは、「それはとても大事なことだと思うよ。がんばって」と言ってもらえれば、そのテーマを追い続けることができます。

メンバーはwin-win、give-giveな人ばかり。学生時代から持ち続けた社会的課題を解決したい、そのためにメディアが何ができるのかという思い、常に「Social Good」に向けて何かしたいという気持ちは、仲間が増えたことで、年々、より強くなっています。報道、ニュースの在り方は、ジャーナリスト同士がつながったり、意思決定の場に女性含め多様性が生まれることで変わってきていると感じます。Social Goodに向けて、メディアができることはたくさんある。

これからも、「いい人、いい情報を共有し、いい発信を」を合言葉に、つながりながら発信を続けていきたいと思っています。

（談）

特別対談

01

ブルボンヌさん、どうして女装するのですか？

ブルボンヌ、家弓隆史、林香里、小島慶子

2018年12月2日【第4回メディアと表現について考えるシンポジウム】が開催された。サブタイトルは、「それ『実態』とあってます？　メディアの中のLGBT」。2018年は男性の同性愛を描いたドラマ「おっさんずラブ」がヒットする一方で、性的少数者に対するヘイト的な特集を組んだ月刊誌『新潮45』の事実上の廃刊が決定するなど、LGBTに関する表現や言論のあり方が話題となった。いまだ誤解を招くようなメディアでのLGBTに関する情報や表現を当事者たちはどのように受け止めているのか、実態とのズレはどのようなものなのかが議論された。そのシンポジウムを受けて、ここでは林香里と小島慶子が、あらためて女装パフォーマー・ブルボンヌさんとブルボンヌさんの事務所の社長家弓隆史さんに話を聞いた。

ブルボンヌ

女装パフォーマー、ライター。早稲田大学文学部在学中の1990年、ゲイのためのパソコン通信を立ち上げる。ゲイ雑誌『Badi』の主幹編集と同時に女装パフォーマー集団を主宰し、現在は新宿2丁目のセクシュアリティフリーMIXバー「Campy!bar」グループをプロデュースし、2019年11月グランドオープンの渋谷PARCOに3店舗目も展開。
NHKなどのLGBT・女性問題を扱う番組や、オネエキャラクターとしてのバラエティ、お昼のAMラジオのパーソナリティなどテレビ・ラジオ出演し、自治体や大学でも講演活動するなど多彩な活動を続ける。

男になる、女になるとは

林　私、ブルボンヌさんにずっとあやまらなくちゃいけないと思っていました。

シンポジウム準備打ち合わせの際、助教が「ブルボンヌさんは当日朝に着替える部屋が必要だそうです」と言うので、「大学なんだからそんな部屋ないと答えておいて」と返したんです。それでも「やっぱり必要みたいです」と言ってくるので、「もー、しょうがないわねえ」

と当日朝1人でしぶしぶ普通の教室に衝立を立てて準備しながら「どうしてこんなにメンドくさい人なんだろう」と不満に思っていたんです。

到着されたブルボンヌさんは「今は普通のおじさんだけど、これから変身するから」と言って準備に入られた。そして2時間後、びっくりするくらいキレイになって出ていらした。スゴイ！　と感激すると同時に、ショックでもあったの。変身した姿の美しさはもちろん、そうやって2時間もかけて男性から女性になるというエネルギー、パワーに圧倒されたんです。男性から女性になるのには、それだけの時間がかかるんだ、とも思いました。

ブルボンヌ（以下ブル）　人によりますが、私たちの文化がごっそり着替える系なので。しかも、女性に溶け込み目立たないことを望む方が多いトランスジェンダーに比べて、ドラァグクイーンはその先の、さらにデフォルメした、一般の女性がしない過剰なメイクや衣装を到達点にしている。飛び越えるぶん、余計に時間がかかる感じですかね。

林　そういうふうに男性からデフォルメした女性になるのに2時間も3時間もかかるなんてすごいなと思う反面、私は2004年に東京大学の教員に着任してから15年もかけて、中身を男に取り換えた（笑）。あの職場でいかに女を隠して男になるかだけを考えてきたような気がする。

2時間で女になる、15年かけて男になる。この男になる、女になるってどういうことなんだろう、とあの後すごく考えました。これまでジェンダーやクィアの本をたくさん読んできたはずなのに、全然わかっていなかった。大袈裟でなく、人生観が変わるほどの衝撃でした。

ブル　世の中の既得権益が男性ベースで作られているから、大企業であれ政界であれアカデミアであれ、そこに入る女性はそうしないと闘えないんだという思いで、いつの間にかミイラ取りがミイラになっちゃう人って多いわよね。

社長　でもやっぱり男のふりをするんじゃなく、女性の魅力を世の中に発信していってほしいですよね。

林　私もそう思っていたんです。でも振り返ると、自分は2004年以降、女性であるということで肯定された経験はすごく少ないの。

ブル　テレビ局のプロデューサーの女性も職場でパンツスタイルじゃないと、「お前仕事なめてんのか」と先輩に怒られると言っていたもん。

林　だからジェンダーのシンポジウムでは「多様性が大切」とか言いながら、裏では自分のミッションを果たすための近道として、自らの女性性を殺して男性に同化しようとしてしまう。

ブル　みんなそうなのよ。#MeTooをテーマにしたEテレの番組に出たことがあったんだけど、プロデューサーのお姉さんが、このテーマで番組を作れてうれしいけど、調べれば調べるほど、セクハラまがいのことをされた新人に対して「我慢してうまく受け流して。じゃないと出世できないよ」的なフォローをしたことが思い出されて恥じている、と言ってました。男社会でのし上がった人の、あるあるなのかも。

小島　2018年の財務事務次官によるセクハラ事件のとき、メディアの女性はみんな同じ反省に立ったと思います。それからハラスメント関連の記事が一気に出るようになった背景には、数百人規模のメディアで働く女性たちが媒体や所属の違いを超えて連帯したということがあるんですね。

「自分たちはメディア業界の男性中心の風土に染まって、〝ケツ触らせて特ダネが取れるなら安いもの。減るもんじゃないし〟などと割り切ったりもして、マッチョな文化を肯定、強化してきた。昨年テレビ朝日の若い女性記者が犠牲になった要因を、まさに自分たちが作っていたんだ」と、泣きながら反省した人もいたんです。彼女たちが「やっぱりこんな風土を変えよう」「ハラスメントはあってはならない。もうやめよう」「私たちメディアも報じなくては」と本気になったことが、セクハラだけではなく、その後に起きた日大の悪質タックル事件やスポーツ界のハラスメントなど、いろんなものが表面に出てくるきっかけになった。

その意味で昨年は時代の分岐点だったと思いますが、テレビのバラエティ番組などでのジェンダー表現については周回遅れの感が否めないんですよね。少しずつ変化は出てきているけど、オネエキャラも相変わらずのステレオタイプだったりして。

ブル　でも語る場を失うと本当に何も届かなくなっちゃうから、「語る場を確保できる程度には気に入られたい問題」っていうのも、あるじゃないですか。

小島　テレビに出ること自体が語る場を得ることでもあると……確かにそうですね。

ブル　先達のみなさんも、今は過去を後悔したり反省しているかもしれないけど、その時期なくしては、今この場にさえいられなかったかもしれない。そう考えると、中間地点としての当時はそれでよかったんじゃないかな。

「キューティーハニー」とオカンが私の土台
――ブルボンヌの独白

林　ジェンダーって人間の体と心の問題が重なっている部分でもあるので、出世のためとか、有名になるための手段として使ってOKとはやっぱり割り切れない。だからそこを敢えてドラァグクイーンになるというのは、わかるようなわからないような感じがあるんです。いつも授業では1時間目に「生物学的なセクシュアリティと社会的なジェンダー」と教えているけれど、これはそう簡単に区別できることでもないな、って。

時間をかけてデフォルメされた女性性を表現するというのは、演技なんですか、何なんですか？

ブル　物心つくかつかない頃にはすでに世の中が思うところの女性ジェンダー側の要素――くねくねした動作や言葉の柔らかさ――があったみたいね。だからこそ異物を見つけるのが得意な直感の鋭い幼児や小学校低学年のコミュニティで私は、「おとこおんな」とか「おかま」というニックネームを授けられたんだろうし。子どもたちって誰に学ぶでもなく、本当にわかりやすく、世の中が思う男っぽさ／女っぽさの方向性がはっきりしているのよね。そのどっちに入るかによって、「あいつはちょっと違うぞ」というのを見つけ出す。それはFtM（性同一性障害で体は女性だけど性自認が男性の人）の子も同じで、いわゆる男勝りな女の子も、「変なやつ」っていう扱いを受けやすい。そういうことがあったから、自分はいわゆる男男した男ではないんだろうな、というのは薄々感じてました。

その後経験した衝撃のビッグバンが、「キューティーハニー」なんです。女性主人公が男を倒すなんていうアニメがほとんどなかった時代に、覆面を被ったいやらしそうな男たちを強い女がお色気サービスたっぷりにいろんな技で倒していく。しかもその敵である覆面男たちの上司もみんな女なんですよ。悪の組織も女、守る側も女。ハニーはファッションモデルから、カメラマン、歌手などに変身してその場を切り拓いていく。そのスタイルの斬新さといったら！　組織の構図一つとっても、当時にしては考えられないほど女性上位の世界を作ってくれていた。その世界観にもうむちゃくちゃシビれてました。

もう一つのビッグバンは、うちの母なんです。母は11PMガールズだったんですよ。

小島 そうだったんですか！

ブル 出演していたのは私がお腹にいた頃までだったらしいんだけど、伝説の深夜番組だけあって、私が小さい頃もまだ放送が続いていたので、「へえ、こんなセクシー番組にオカン、出ていたんだ」ぐらいは思ってました。今でこそ女子の強気なビジュアルもオーケーだけど、当時はそういう枠がほとんどなかったから、まわりからは嫌なことも言われていたと思うのね。でも楽しそうに「こういうことしてたのよ」って教えてくれました。

母はテレビ出演をやめたあとは、地元・岐阜の柳ヶ瀬の歓楽街でバーのママをやって、ほぼ女手一つで私を育ててくれた。おかげで私は世の中の男女観とは違うものに反応できるようになった。その点では恵まれていたと思うんですよね。

当時はまだバブリーな時代で、母はお水のママだったから、おじさんからプレゼントをもらったりする。夕食時に「こないだ○○さんに宝石をプレゼントしてくれるって言われたけどママ断ったわ」という話が出たり。「えっ、もらえるのになんでお母さんはもらわないの」と言うと、「女は返さなきゃいけないものがあるのよ」と（笑）。いい感じの大人理論をたまに語ってくれて（笑）、おもしろかったですね。

母は他のお母さんたちよりはちょっときれいだったから、授業参観に来ると、担任が男性だと「お前のお母さんキレイだな」とか言われるうちに、自慢のオカンになっていったんです。割と自慢のオカンだったんです。でも、今でいうママ友関係は皆無。他のお母さんは授業参観が終わったらみんなでグループ作って話し合っているのに。心配になって聞いたら、スパッと

「私、群れるの嫌いなのよ」って。なんかいろいろな面で世の中の普通のお母さん像とは違ったのよね。私が常識を疑うようになったのは、そういうところに原点がありそう。

林　それが原点だとして、ブルボンヌさんは女装するとき、世の中に何かメッセージを伝えようと思ってやっているんですか。

ブル　今となってはそうなんだと思います。でも最初20代の頃は、パーティーガール的な楽しい感じでやっていただけ。女装して好きな映画のパロディとかの余興を新宿二丁目できゃっきゃきゃっきゃとやっていて。

小島　ナウシカのパロディとかほんとヒドいんですよ（笑）。

ブル　「風の谷のナウシカ」の格好をした私が、自分で吹き込んだ男性インタビュアーの声にナウシカのセリフで答えるんです。たとえば「ナウシカさん、どこが感じますか？」という質問に、「チチが喜びます！」と答えたりして。映画本編では「お父さんが久しぶりにユパに会えて喜ぶ」という意味のセリフなんだけど（笑）。おかしなように聞こえるセリフを寄せ集めて構成してました。

「ナウシカを侮辱してる」といじられたら、「違います、ナウシカを解放しているんです！」と答えるようにしているの。みんなにきれいな聖女と思われている彼女のストレスを解放しているんです！　と（笑）。

昔はただただエンタメのつもりでやっていたけど、セクシュアリティやジェンダーの価値観をグチャグチャにする、という意味では、今やっていることと通じているのかもしれませんね。

ややこしさに意味を見出す

林　女装しているときって、ステレオタイプ化された陳腐な女性像に挑むというか、そうじゃない表現を社会にぶち込んでやろうみたいな意識があるということですか？

ブル　自分の個性を出していい仕事のときは、なるべくそうしています。

ストレートの方には女装をしてるとトランスジェンダーなんだと思われがちだけど、そうじゃなくて女装パフォーマンスをする男性同性愛者だというややこしさがある。でもジェンダーって曖昧なんですよね。私自身も子どもの頃「おとこおんな」と言われたり、女装表現を楽しめる程度には女性性を持っているけれど、異性の性を生まれつきはっきりと自覚するトランスジェンダーの方ほどではない。女装は変身作業だと思っているから、トランスではなくシスジェンダー（生まれたときの性別に違和感のない人）なんだと思います。そのあたりの感覚をテレビを見ている方たちにわかってほしいんです。

はるな愛ちゃんのような体も心も女性というトランスジェンダーもいれば、マツコ・デラックスさんやミッツ・マングローブさんのような人もいる。あの2人も折に触れて言ってくれてはいるけれど、素顔を見せないタイプなのでわかりづらい。私は納得のいく依頼であれば素顔を出すようにしています。そのほうが、「あれ？　普段はこうなんだ」という違和感ややややこしさを含め、みなさんに考えてもらうきっかけになるんじゃないかと思うようになったんですよね。

先日ＮＨＫラジオの「夏休みラジオ保健室」という番組の司会をやらせていただきました。かなり画期的な企画だったのですが、番組に「ブルボンヌさんは本当は女性になりたい人じゃない。勘違いされて迷惑を被る人もいるのでやめさせてほしい」みたいなリプライが来たのね。言いたいことはわからなくもないけど、じゃあＬＧＢＴを「代表」する司会って誰？　ってことなのよ。ＬＧＢＴすべてを体現できる人なんていないわけ。ＬがやればＧＢＴが取りこぼされるし、４人呼んだとしてもその四つ以外のセクシュアルマイノリティはどうなるのか、ということになる。「女性って」という枕詞で話す女性だって、本当は女性全体を代表することはできないはず。誰かに何かを託すとき、その人がすべてを持っているなんていうことはあり得ないでしょう。それでもそういう突っ込みが来るのは事実なので、可能な限り私自身の正体をわかってもらえるような要素を開示していきたいと思っているんです。納得いく理由なら素顔を見せるし、「あ、この胸の膨らみ？　靴下が入ってるの！」とかギャグとして言いつつ、おっぱいのある女性になりたいわけではない、ということもやんわり伝える。そういうことをなるべくやろうとは思っていますね。メッセージはおもしろおかしさとセットで伝えないと、干されたり場を奪われる可能性があるので。

林　それ、疲れませんか？

ブル　疲れるといえば疲れますが、今のメディアの構造上、マイノリティが発信力を得るための宿命だと思っていますね。今ある程度地位を獲得した女性たちだって、これまでずっとそういうケアをしてきたでしょう。

林　セクシュアリティってそもそも男と女でスパッと二つに分かれるものでもないですしね。さらには心と体も違うし、性的指向も様々でグラデーションがある。そういうものすごいややこしさを、お1人で全方位に表現するっていうお仕事なんですね、ブルボンヌさんは……。

ブル　そのややこしさに意味を見出そうと思っていますね。たとえセクシュアルマイノリティの標準型みたいな人がいたとしても、結局彼らだって自分以外の属性についてはどうケアするか迷うわけでしょう。だからよく知らない人が私のことを「ゲイだかなんだかわからない紛らわしい人」って思うのはわかるけど、紛らわしさややこしさを知ることが性を知ることなんだ、と最近つくづく思うんです。

人って自分の認識の中に箱が用意されていない、どこに入れたらいいかわからないものを嫌がるんですよね。私自身、十数年前にXジェンダー（男性でも女性でもないと自認している人）の概念について初めて聞いたとき、正直「何それ？」って違和感を覚えたし。でも最近は、その箱を用意していない社会や私たちの心のほうが問題なんじゃないか、って思うようになりました。

社長　箱に入っちゃうって窮屈じゃないの？

ブル　そうだよ。だけどみんな箱に入れて理解したがるのよ。

林　楽ですよ、既にあるルールに依存するのは。自分で責任を取らなくてもいいし。そういう人はたくさんいると思うんですよ。既存の「女性らしさ」「男性らしさ」という枠に頼っていれば、生きやすい。

社長　でもその範囲外に出たくなっちゃうこともあるじゃないですか。

林　自分をガチガチの型にはめて、自ら生きづらい人生歩んでいる人もいっぱいいる。東大男性教員とか（笑）。

ブル　社長はね、本人にもよく言うんだけど、今50代半ばの日本人男性としては衝撃的なぐらいに、世の中が頼ってしまうものを必要としてこなかった人なんですよね。だって小学生の頃から少しもゲイを隠さずに生きてきたんですよ。

林　私と同じくらいの歳なの？

社長　そうですね。55歳です。

林　同級生！

ブル　小学生の頃から『薔薇族』とかゲイ雑誌を学校に持っていって友だちに見せるような無茶苦茶な若者だったんだよね。それだけ自分が好きなものにまっすぐでいられるって、ほんとあなたは突然変異！（笑）。大多数の人は社会や家族が言うことに縛られ続けて、自分の道が塞がれていく。今はやっとそれを少し楽にしてあげられるといいなという雰囲気になってきたところなんじゃない？

ロールプレイのすすめ

林　ブルボンヌさんがしていることはどこか戦いみたいなところがあります。ご自身ではどう思っているんですか？

ブル　いや、私は「自分が大事」。そのことは絶対に守りたいんです。だからなりふり構わず戦えない。ディーバでもアクトレスでも、頂点を極めた人たちって、闇とか寂しさもあわせもっている人がほとんどじゃないですか。彼女たちに憧れて、その一瞬をなり切るのがドラァグクイーンショーなんです。

「週末のステージ上でだけ大好きな三田佳子さ

んの真似させてー、でもご本人のやたら中傷を受けるしんどさはとてもじゃないけど私、負えないわ」って思っている。その人が作ったすばらしい演技シーンを一瞬だけ「ごっこ」させてもらうし、最前線で戦う人たちの苦しみはリスペクトするけれど、自分がそれになりたいとは思わないんですよ。

林 でもブルボンヌさんが三田佳子さんになる移動は、三田佳子さんご自身よりも大変ですよね？

ブル ははは（笑）。2時間ぐらいなんで大丈夫ですよ。

林 でもそこまで性への挑戦をして、行って帰ってくるって大変だなと思うんだけど。

ブル いや、むしろ変身ごっこできてありがたいぐらいなんです。みなさんも、どんどんロールプレイすればいいのに。お母様ならお母様という枠に押し込められ、「こんなことしたり思ったりするのは良い母親じゃないわ」と自分で自分を否定して傷つける人が多いじゃないですか。だから、たとえば時間を決めて好きなラベルを心底演じちゃえばいいのに。

確か作家の平野啓一郎さんも「分人主義」として それを提唱されていました。オネエのなりきりって、まさに分人主義なんです。普段は男社会の中でなけなしの男性《おとこ》振り絞って生きている方たちが、二丁目のバーでは「チョット、大変だったわヨ、今日もいい子ぶってたのヨ」って超解放されたりします。時間によって放出するものを変えることで、その人の中でのバランスを保っていると思うんですよね。

小島 なるほど。ただ、大学での香里さんみたいに、割り切って男社会に適応した分人を生きようとすると、結局その世界での女性の役割をステレオタイプ化してしまう。自分はそれでサバイブできても、社会全体として見ると、その行為が他の女性を苦しめることになる。

ブル　それはそうね。

林　あとね、パフォーマンスし続けていると、戻ってこられなくなっちゃうの。感覚がずれてきちゃうのね。それが自分でわかるから、すごく悲しいの。

ブル　政治家でも、もともとは清い志で入った人が、そっちの価値観にとらわれていくとか、よく聞きますもんね。

小島　そうか、香里さんから見ると、ものすごい手間をかけつつもわずか2時間でそこを行ったり来たりしているブルさんはすごいわけね。

ブル　それは林さんがザ・男性社会のガチガチの固定化された戦場にいるからじゃないかしら。私たちが楽なのは、仕事によって求められるものが変わるからかも。

二丁目の夜のお店ではちょっとステレオタイプな「オネエ」として下ネタもがんがん言うし、セクシーな女性的接客も楽しんでやる。一方、真面目なフィールドの仕事のときはかなり冷静に、「オネエだからってそんなサービスしませんよ」という態度も見せられる。それに私はシスジェンダーの男が好きなゲイだけど、どこかでバランスを取ろうとしているのか、最近はいわゆる男性役、タチのプレイが増えてきています。

つまり、自分の中にあるさまざまな要素を、「この要素はこの場で一番オイシく使えそう」と、効率よく仕分けする楽しさを味わっているんですよね。料理が一つだと捨てるしかない素材も、私の場合はいろんな料理をする場所があるから、自分の持っている要素を全部使える。

でも世間にはずっと同じ料理を作らされている人が多いんだろうと思います。

林　状況によって変えていくことを、無責任だと感じたりはしませんか？　私は男性教員の中でやっていくために女性性をカットしていることについて、どこかで女性に対して失礼だなと思うことがあるんですよね。だからと言ってどうすればいいかまったくわからない。

ブル　でも大学では女性らしさは犠牲にしても男性陣と同じぐらいの気持ちでやらなきゃ、と思っていたのではないですか。

林　うーん、そこまで考えていなかったのよね。とにかく必死だから。

ブル　時期によって、自分が何を出したいかって変わってくる気がするのよね。たぶん慶子さんも社員の女性アナウンサーだった時代と今では、伝えたいことが変わってきていない？

小島　社員時代は反逆すること自体が表現になり得たんですが、辞めてからは、反逆することよりも自分の体験をもとに今の目の前に起きていることの背景を考察するとか、相手との対話のチャンネルをどう見つけるかとか、そんなふうに広がってきたかな。会社員には会社員のくびきがあるので、「放送局の女性会社員らしくなさ」によってメッセージを伝えるという手法しか取り得なかった。だから辞めてからのほうが穏やかで、視野の広いアプローチができるようになった気がしています。

ゲイ世界の知られざる現実

林　ブルボンヌさんの変身はとても知的な作業ですよね。だって性の境界線について、毎回ずっと考えてるわけだから。

ブル　私が男女ジェンダーを思い知るのって、社会以上に色恋なんですよ。実はゲイの世界では、オネエはとにかくダメなの。モテない。世間の人ははるな愛ちゃんみたいなきれいなトランスジェンダーの人を「女性として出来がよくてよかったわね」と言うじゃないですか。でも、ゲイ世界にベースを置くシスジェンダーで男のままのゲイは、短髪&いいガタイじゃないとモテづらいのよ。それこそ圧倒的な男尊女卑、ジェンダーの固定化が激しいの。

社長　ええっ、そう？

ブル　それはあなたがそうじゃない好みだからよ。ゲイナイトの歴代のフライヤー見てみ？　100%短髪でいい体の男よ。

林　三島由紀夫みたいなやつ？

ブル　そう。ゆるふわギャルやK-POPガールズ集団の見分けが付かないのと同様に、コピーみたいな野郎たちが量産されるんです。自分らしく振舞ってるオネエさんは良い人も多いけど口を揃えて「モテない」って。ゲイ業界でモテるオネエって、見たことないでしょう？

社長　表面に出てこないだけで、いるんじゃないの？

ブル　だからあなたが気づけないぐらいよ。だってあなた自身が、男性性そのものの見た目でしょう？　すごい美女でモテてるのに「美とか関係ないよね」って言ってる、ブスからしたらムカつく勝ち組女と一緒よ！

林・小島　(笑)。

社長　全然そんなふうに思ってないけどさあ(笑)。

ブル　あなたが天然なのはいいのよ。でも10〜20代の、モテに晒される時期をゲイ業界で過ごした私は、いかに筋肉質で男っぽい人のほうがモテて、女っぽい人はモテないかを思い知らされてきたの。精神的な女性ジェンダーはふんだんにあるのに、肉欲のトリガーとしては男性ジェンダーが圧勝の業界。

ある意味、ゲイ業界で女性性がここまで非モテ要素として垂れ流しになっちゃっているのなら、それを濃縮してパートタイムでぶわーっと出して、チンコは勃ってもらえないけど場の人気者にはなってやる！　とやっているのが、ドラァグクイーンだと思います（笑）。

小島　なるほどー！！！　全然状況は違うけど、ちょっとわかる気がします……。〝女子アナ〟が思ったことをベラベラ喋るのは〝非女子的〟なのでテレビのスタッフ（男性多数）受けも一般視聴者（男性も女性も女性アナに模範的女子を期待する）受けも悪いんだけど（つまり比喩的に言えば誰のチンコも勃たない）、私はいろいろ考えたり喋ったりしないと死んじゃう体質だから、モテないと知りつつも喋りたくて喋りたくて、だったら好きな女子アナランキングに入らなくていいからラジオでガンガン喋ってやる！　と思ったんですよね……。いわばひとさま好みの女装会社員をしながら、言っとくけど女装の中身はお前の理想の女じゃねえからなと逆ギレしてネタバラシしていたわけで……。局アナというコスプレは自ら選ぶにしろやはり会社員であることで組織や社会からの制約を受けるという点が表現としては非常に自由度が低いんですよね。非モテに甘んじてドラァグクイーンを貫く方々の表現の豊かさや矜持とは全然違うけど、コスプレの意味を着ぐるみの内側から読み替える試みをしたという点では私としては一方的に共感を覚えます。

ステレオタイプから離れる、自らの枠を作る

林　ブルさんにお会いする前に、「オジサンが突然女性に変身してママの目の前に現れたら、なんて褒めたらいいかわからないけど、どうしよう」とそっと娘に相談したんです。そしたら23歳の娘が、「きれいと思うならきれいって褒めればいいじゃない」と。だけど、ドラァグクイーンへの褒め言葉ってどんな言葉なんでしょうか？

ブル　すてきな娘さん……。全然何でもいいんですよ。今の「きれい」とか「かわいい」というのは感覚だからいいんだけど、でも、そこにその方のジェンダー感が加わったときに、違和感を感じることはあるわね。「女の私より女らしいわあ」とか。あなたのモヤモヤした思いを私を使って表現しないでね、と思うことがある。

小島　自分の女らしさを基準にジャッジされるっていうのは変な感じよね。

ブル　一瞬見て、私の何の「女らしさ」がわかったんだろうと思っちゃう。でもそういう言い方をするということは、ジェンダーにとらわれた人なんだとわかるから、「まあ尻尾を見せてくれてありがとう」みたいな面もあるのかもしれない（笑）。

小島　「私たち女ってさあ」といきなり一括りにされるのも違和感があります。私が知っている女は私の身体と心だけだから、体の構造が似ているというだけであなたといきなり一緒にされても困るよと。

林　ＬＧＢＴという言葉は今約70％の人が知っているそうですが、ドラァグクイーンを知らな

い人がたくさんいると思うんです。知っていても私のように、何を話していいかもどうやって褒めたり仲良くしたらいいかもわからない人は多いと思います。

ブル 最近では、差別の文脈でもＬＧＢＴが語られ始めたので、気を遣ってもらえるようになったとも言えるけど、逆に腫れ物に触るように、真っ先に「どういうことを言ったら嫌われますか？」と聞いてくる人もいる。新しい価値観の存在に対して、嫌われたり傷つけたりすることをいちばんに恐れる。そういう人の華やかな部分やおもしろいところを知ろうとするより、まずは彼らを傷つけない言い方は何か、に関心が向くというのは、気を遣いすぎじゃないかと思いますね。

林 間違ってはいけない、という感じで。

ブル そうね。「間違っちゃいけない」というのは、最近の若い世代の価値観にすごくある気がする。

社長 間違ったら間違ったって言えばいいし、謝ればいいのに。

ブル その通りなのよ。社長って本当にのびのびしてる少数派だわ（笑）。

小島 ハラスメントについても、「ハラスメント怖い」「わかんない」っていう人が多い。聞けばいいと思うんですよ。失敗したな、なんか相手の反応おかしいなと思ったら「何がいけなかった？　どう言えばよかったのかな」って。

林 以前、ある男の先生に、シンポジウムの前に「僕は被告席に座りますので」とかいきなり言われたことがある。「フェミニストに怒られる」という感覚なんだろうけど、ホント、話がかみ合わなくて嫌になっちゃう経験が多すぎます。

小島　ブルさんは女装をしているとき、相手が「え、どうなってんの？」とかたまっていると、言葉を尽くして自分の状態について説明しますよね。人は初めて見たものをすぐに典型化する。それがわかっていて、そのそばから典型化を崩していく。そこまでをまるごと表現していくから、すごく目配りがいいというか、丁寧ですよね。

ブル　尺をいただいたときは、そこにギャグとか加えるようにはしていますね。

小島　そういう振る舞いは、女性の場合は別のむずかしさがあると思うんですよ。

テレビ業界の場合、なんだかんだ言ってまだ作り手も意思決定者も男性が多いから、ステレオタイプ化された「オネエ」を自ら曖昧化していくということを男性がやるのは許すんです。でも、ステレオタイプ化された女性が自らを曖昧化することは「めんどくせえ」と言って許さない。その構図が依然としてある。それがたとえ「オネエ」という括りであっても、男性出演者に対してはある種の発言権や裁量を認めるけれど、女性出演者には自分の望む女性のあり方を裏切ってほしくない、という圧力がある気がするんです。

林　男性はジェンダーを遊んでもいいけど、女性はジェンダーを遊べないというのはあるかもしれませんね。

ブル　「宝塚がかっこいいものにしかなり得ない問題」ですね。「リボンの騎士」もそうですが、男性性を帯びることで女性のかっこよさが増すというのは、つまり男性性がかっこいいものだと思っているということにほかならない。そこをやっぱり見抜かなきゃいけない。

よく「あなたの逆のタレントさんって、なんで出てこないの」と聞かれるんだけど、それはきっとそういう男尊女卑的なベースがあるから。男が女っぽいと楽しいものに見えるけど、逆はかっこいいものに見えてしまうから、バラエティで扱うにはからかったりもしづらいし、扱いづらくなる。

小島　女性の体で生まれてきたけれど、身体的にも社会的にも「男性」として生きているトランス男性の中には、時々かなりステレオタイプな男性表現をされる方もいるんですよね。「それまではあんまり性的なコンテンツとか興味なかったんだけど、男性ホルモン打ち始めて身体的にも男として生きてみてわかったのは、男には〝とにかく女だったら何でもいい、やりてえ〟って気持ちになることが理屈抜きにあるってことなんだよね」とか。それは彼が自分の身体の男性性を確認した喜びでもあったんだろうし、移行する上では不可避の過程なのかもしれないけど、結果的に女性をモノ化するようなマッチョなまなざしを強化する側に回ってしまっていることに無自覚なのは、聞いていてとても複雑な気持ちになります。

今後テレビにＦｔＭのタレントが出演する機会が増えるとしても、起用する側のバイアスもあって、典型化された男らしさを表現している人ばかりが起用される可能性があるし、そうなると男性性の表現の幅をかえって狭めることにもなりかねないのではと。

ブル　結局ゲイと似たような構造になるのよ。ゲイって、一生懸命自分のなけなしの男性性を盛り上げている人が多いから、ＦｔＭの子もファッションや髪型がゲイっぽくなっちゃうのね。

社長　でもそれってホルモンのアレじゃないの？

ブル　確かに性欲のメカニズムの変化は、ホルモン注射の実感としてあるんだろうけど、それ以上に、世の中が思う男性性をなぞって演じちゃう人は多いと思う。

だいぶ前の話だけど、新宿二丁目には、テーマ替わりでいろんなイベントをやっているクラブがあるのね。「ヒゲナイト」といって、ひげを生やしたがっちりした体格の兄貴オンリーのイベントが最も男っぽい人たちが集まる日だとすると、その対極として女性オンリーの「レズビアンナイト」がある。店員によると、終わった後の店内が一番きれいなのが「ヒゲナイト」で、一番散らかっているのが「レズビアンナイト」だったんだって。想像するに、ヒゲで男武装している人は、結局内面のオネエ性が出ちゃって「飲んだものはちゃんと返しましょう〜」とかみんなやっていて（笑）、いつも女性らしくしっかりしなきゃと押し付けられてきた一部の男っぽいレズビアンたちは、ここぞとばかり解放されて「片付けもせず帰ってやれ」と、男性の悪い部分までなぞろうとしている人が多いという。

小島　人としては片付けたほうがいいよね。でも性表現（ジェンダー・エクスプレッション）として男性を選ぶ女性の中には「俺、男なんだから片付けたりしねーよ」ってなっちゃう人もいるってこと？

ブル　そうそう。散らかす男性にちょっと憧れちゃっているみたいなね。

林　男性の生き方は、非常に均質的でステレオタイプなものしか思い浮かばないんじゃないかな。女性には専業主婦からバーのママまで、いろいろな生き方があるけど、男性の世界は寄り道もない、単線的で想像力を発揮しにくい世界なのではないかと。

小島　主夫やいわゆるイクメン、男性保育士や男性看護師などが増えてマイノリティじゃなくなり、社会における多様な男性の生き方が可視化されてくれば、ＦｔＭの人たちにとってマッチョモデル以外の選択肢が増える、という仮説がたてられますかね。

ブル　イクメンを頑張ってるＦｔＭの友人はすでにいますしね。

小島　ブルさんのような、女装パフォーマーで仕草や言葉つきもマッチョではないシス男性のゲイという、いわば「説明がたくさん必要な人」がテレビで親しまれているということはつまり、性的少数者の多様性に対する日本の視聴者の感受性が高まったことの証左なのかな。

ブル　見慣れないものが出てきたときって、どうしても最初の印象を属性全体に当てはめがちだけど、同じ属性の人が10人、１００人、と増えていくと、「この中にもいろいろあるんだ」というのがわかってくる。それはセクシュアルマイノリティに限らず、どんな属性でもそうだと思うんです。

この間、ニューヨークのゲイプライドのパレードに社長と参加したんだけど、観客は３００万人以上、行進する人だけで15万人もいて。それだけいると、もう同じってことはまったくないことがありありとわかるんですよね。

社長　僕らさえ何だかわからない人がいっぱい歩いているんですよ。この人はナニモノなの？って（笑）。

ブル　私たちのジェンダー感覚からも逸脱している不思議な人がいっぱいいる。だからマイノリティの多様性を可視化することはとっても大事。すべての人を言葉で説明はできないから、視覚的に様々なパターンを見せるほうが圧倒的にわかりやすい。

社長　ニューヨークの街をナニモノかわからない人たちがいろいろな格好で歩いているのを見ると、ああ、みんな独自のスタイルで自分を精一杯アピールしているんだな、とウルッとくることもあるんですよ。

ブル　林さんがさっきおっしゃったけれど、日本人ってやっぱり枠に入って安心したいという気質が強い。でもそれがもたらす弊害に気づいている人も出てきていると思うんです。枠はすがって頼るものじゃない。自分が枠そのものになれるように生きていけたらいい。人生で自分という枠を作れる人なんて、そうそういないと思うけれど、みんながそれを願えるような社会になったらいいとは思うな。

語ることのむずかしさ

社長　僕ら男性は、女性というものを知らなすぎるんですよ。あまりにも教育がされていない。先日ブルボンヌが司会をしたラジオ番組中、「おりもの」という言葉の意味を初めて知って、僕はびっくりしてしまいました。女性の生理の周期も、タンポンが何かも、生理がどれほど女性にとって大変なものかということも、この年になるまでまったく知らなかった。

ブル　社長の歳ぐらいの人にとってはそれが当たり前なのかも。最近ようやく男女両方に性教育で教えましょうとなってきてましたね。

林　今でもほとんど教えてないですね。私の学生の年代なんかでも、全然教わってないと思う。

ブル　パートナーの気持ちがなぜ時期によって

変化するのかとか、基本情報を知っていれば譲歩できるだろうに。相手の生理の苦しみを知らないから喧嘩になったりするわけじゃない。

小島　女性側も、男性の生理をあまり知らないですね。男性の生理は、男性に好都合にステレオタイプ化された部分が多い気がする。たとえばパートナーが風俗に行くことについて、男の性欲ってそういうものだからと、納得してしまう女性もいる。でも私の友だちには、先輩に風俗に誘われて断った男性が何人かいます。

ブル　私は飲み屋の仕事もしているから、男はいろいろと見てきているけど、男の性欲にも差はあって、恐ろしく清い人もいれば、自己嫌悪なく処理的なことができてしまう人も多いというのが実感かなあ。

社長　パートナーが風俗に行くということについて、女性の中には、風俗でやったことはしょうがないけど、普通の女の子との気持ちが入ったセックスは許せないと、縁の切れ目にする人もいるよね。

小島　私は風俗に行くのなら、むしろ恋愛してほしい。

ブル　それは、おもしろいねえ。

小島　だって恋愛は人間らしさの醍醐味でもあるから。それなりの矛盾や葛藤や苦しみもあるしね。でもお金払ってモノとして性を買うんじゃ、何の工夫もないでしょう。中には非人道的な環境で働かされている女性もいますからね。性的搾取に加担して発散して終わり、ってあまりにも非人間的でしょう。性愛の形として知的でもないし。

ブル　男の生理でいうと、感情はおいといて、粘膜の接触と放出を求めるのが俗に言う男性ホルモンがもたらす欲求だったりもするのよね。

慶子さんがインタビューしたFtMの人も、ホルモンを入れたらそういう欲求があることに気づいた、ということを強調していたのかもしれないですね。

小島　でも、居合わせたゲイの男性が「その欲望を、女の人をモノ化することで発散しない人だっているよ」とやんわり諫めてくれました。「男の欲望とはコントロールできないものであって、女をモノ化するのはテストステロンの仕業だから人間性とは関係がないんだ」という言説があたかも科学的事実であるかのようにまかり通っているのには強い違和感があります。息子には絶対にそんな俗説を信じてほしくないですね。

ブル　免罪符として出されすぎている感じね。

林　セクシュアリティって、むずかしいですね。プライベートだし親密なところで起こることだけど、全員が持っている根源的なものでもある。

社長　性を語っちゃいけない空気というか、タブー感がありすぎるかも。他人と話さないから、自分の性が普通なのか違うのかも、なかなか気づけない。

ブル　とくに今は、セクハラの問題と一緒になってくるからよけいに話しづらくなる。相手が嫌なことはしてはいけないけれど、性というものがいかに個人差の大きいものであり、さまざまな考え方があるかを知るには、やっぱりさっきの可視化問題のように、いろんなパターンを知ることが必要だと思う。

性リテラシーをめぐっては、最近すごくむずかしさを感じていて。何でも「セクハラだ」と言っちゃうと、怖さが先立って、性をまたクローゼットに戻すことになりかねない。

アウティング（性的指向や性自認について他

人が暴露すること）にしても同じね。アウティングを間違うと、自殺まで行ってしまうこともあるんですよ、と話すと、「うわ、自分が知った情報をうっかり人に話したことでそんな悲劇が起こるなら、もう誰からもそんな話は聞きたくない」って思う可能性は十分ある。最近、性が開かれてきて、ポジティブなメッセージが語られているわりに、その逆も常に感じる。性を守るのって本当にむずかしい。

そのむずかしさを突き詰めて考えすぎた人たちが、かえって保守になっている。ずっとLGBT界でリブ的な活動をしていたのに、反動保守のようになった人が何人もいるんですよ。

リベラルの人たちがお手本にしてきた北欧的な国々でさえ、移民問題をきっかけに、極右ポピュリズムを台頭させ始めてしまっているというのを聞くと、常にバランスなんだなってつくづく思います。私も最近リベラルなものを語る波に乗せていただいていながら、ちょっと引いた態度でいるのは、反作用の部分をどう見るべきか、考えあぐねているからなんです。

林　みんな急激な変化が怖いんだと思う。男女のことも、異性愛で一夫一妻制みたいな取り決めがあるところに、たまに女装をした男性が出てきてセックスについて奔放に語られると、それ自体は楽しそうであっても、実際には自分たちの平和な生活を乱されるとか攻撃されているように感じてしまう。セクシュアリティを遊ぶことは、一方で楽しいけれども、もっとも痛烈でラディカルな社会批判にもなりうる。だからそこは相当に気をつけて伝えないと、完全に違う方向に誤解されて、場合によっては、意図していないのに人を傷つけたり追い詰めたりしてしまう。

ブル　それってカミングアウトにも当てはまりますね。

これはメディアの宿命でもあるけど、私たち演者はどうしても強いキャラクターを買われて出演しがちです。でも一般的なLGBTの人は激しい人ばかりではないんです。それは伝えたいと思っているけど、なかなかむずかしい。

「あなたたちがまだ言いにくいのなら、おもしろおかしい格好で出やすい私たちがまずカミングアウトしやすい土壌をつくるから待っててね」ぐらいの気持ちだったとしても、かれらかからすると「こんなのと一緒だとは思われたくない。でも自分は言えない」というのを抱えている。かつ「カミングアウトできるようになったらいいね」みたいなメッセージがメディアから流れてくると、していない自分が責められている気がして、ますます卑屈になってしまう。

林　黙らせちゃうんですよね。そんなつもりじゃないんですけど。

小島　#MeTooとも似ていますよね。「セクハラされたならちゃんと言いなよ」と強制されていると思って辛くなるという。

社長　なんでいじめられているって言えないんですかね？

林　報復も怖いし、なるべく隠して事を荒立てたくないみたいな感覚はあるんじゃないですか。男性は職場で力があるし、そういう人たちをぜんぶ敵に回すって、かなり勇気がいります。ジェンダーの秩序をひっくりかえすって、大げさかもしれないけど、社会転覆に近い。

小島　いじめられている自分を認めたくないという場合もあると思います。

ブル　でも負けたことを認めることから始まると思うけどな。自分は一番弱い立場にあるんだ、と。

社長　そこしか見えないから言えなくなっちゃうのかな。自分にはほかにいいところがあると言い出せないわけだね。

小島　それは、自分にはほかにもいいところがあると思える環境にないとむずかしいですよね。弱い立場にある人は、理不尽なことをされても声が上げられないくらい怖い目にあっているんですよ。しかも勇気を振り絞って声を上げれば「お前が悪い」と叩かれるんですから、社会全体から自分の存在自体が否定されていると思いつめるところまで追い込まれるんです。

ブル　それにしても、社長はどうしてそこを想像できないぐらいに、いい意味でポジティブになれたのかしら。突然変異的な個人差もあると思うけど、三つ子の魂作るところまでの環境も大きかったのかな。

社長　僕はいじめられていたわけじゃないけど、いじめられていたとしたら、「いじめられているから学校行きたくない」ってすぐおふくろに言ったと思う。おふくろは「じゃあ行かなくていいよ」と言って、どうするかを一緒に考えてくれそうな人だったから。

ブル　日本って忍耐を美徳としたり、我慢して行動をさせないという刷り込みも大きいと思うんだよね。

小島　香里さんは名古屋の名門校に中高と通い、賢い女の子として育ってきて、親御さんは名古屋から出したくなかったのに、それを振り切って東京で働き始め、学問の道に来てしまったとお聞きしたことがあります。でもご自身の中には今も「名古屋の香里ちゃん」が住んでいるのよね。

林　うちは保守的な家だったから、「名古屋の香里ちゃん」はお裁縫が好きないい子だったはずなのに、なんかもうわけわかんなくなってしまって。でもいつもどこかで「名古屋の香里ちゃん」がすごく軽蔑して今の私を見つめている。

ブル　おもしろーい、わかるー。でも私を含め、問題に取り組んで何かしなきゃと思うタチの人は、自分の中に「アンチ自分」がいる人が圧倒的に多いのよ。社会への発信と同じくらい内的リブ＝社会に刷り込まれた自分を卑下する心を解放する作業も重要なのよね。逆に言えば、それができちゃっている社長みたいな人って、ＬＧＢＴでも女性でも、アクティビズムに関わる動機もなく、自分の周りの世界で前向きにのびのびされてる人も多い。とはいえ大半の人はそこまで強くないから、「私にこの傷があるからこそ見えてしまう問題を他の同属のために何とかしなきゃ」と感じられる人たちも必要ですよ。呪いはありがたいミッション、十字架として受け止めればいいんじゃないかな。

小島　たしかに、「名古屋の香里ちゃん」がいなくて、最初から「男社会の勝ち組の香里ちゃん」しかいなかったら、きっと疑問を持たなかったでしょうからね。

林　それはありがたいのかもしれないけど……でもなんか疲れるわよ（笑）。

ブル　まあね。ＬＧＢＴ界隈で発信してるみなさんにも、しんどそうな人は多いですよ。みんななんでこんなに自分が嫌いなんだろうと悩んで、ああ、こういう仕組みだったからか、と気づいて活動をし始める。根っこにそれだけの動力を持つ人だから、自分を呪う気持ちもきっと死ぬまで背負っていくんだろうな。

他人の視線を優先してしまう

社長　ブルボンヌに出会ったとき、「人前で手をつなげない」「ハグできない」と言われて。派手な女装していろんなことやっているので、手ぐらいどうしてつなげないの、ってびっくりした。

小島　ブルさん、人に見られてはいけないと思っていたの？

ブル　うん、そう。出会って間もないラブラブだった頃、当たり前のように手をつないでくる社長に対して、「人が見てるじゃーん」と照れ笑いでほどいていたら、「どうしてつなげないの？」って言われて。そっか、自分はこういう仕事でおまんま食ってて、かつ、この人のことも好きなのに、たまたまその時間にいた通りすがりの人のほんの一瞬の嫌悪感のほうを大事にしていたのか。そう気づいて自己嫌悪に陥ったの。そして2年くらい後に、勇気を出して自分から手をつなげたのよ。そしたらこの人が、「え、もうそういうの終わったじゃん」って払いのけたっていう（笑）。

林・小島　あははは！

林　でもそれすごくわかる。自分にとって何が大切なのか、プライオリティを自分の中でつけられず、変な世間体でつくろっちゃう。

ブル　一度、サービスエリアで手をつないでいたら、後ろからきたおばちゃんに「なんで男同士なのに手つないでんの」って聞こえるように言われたことがあったんです。

社長　危害を加えられたら言い返すけど、僕はそういうのは聞き流すから。

ブル　それって強いよね。でも聞き流せず、気にして手をつなげない人が世の中にはまだ多いと思う。

小島　他人の視線が気になってつなぎたくないって気持ちがあるから、つなぎたくないって思っちゃう人にも刺さる文章が書けるんですね。

ブル　そうそう。社長には「私はケロッとしたいけどできないモヤモヤがあるから、同じような人たちが変わるきっかけになるメッセージが書けるのよ」って言うの。「だからこの仕事ができるんだな」と言われるのよ。

小島　そうよね。だってブルさんと会うと、普段のご飯のときでもずっとこういうこと話している。

ブル　まあそうね。ネガティブを拾いやすいから困っちゃう。でも慶子さんだからこの話楽しめるなと思って話しているのよ。

小島　何かを表現するって、頼まれてもいないのに見せるということでしょう？　黙って放っておけばいいことを語らずにはいられない人たちがいて、表現の場がある。

ブル　さっきの可視化の話と同じよね。それが数の少ないLGBTの手法だったし、ゲイとHIVが入れ子の差別になっていた時代には「沈黙＝死」という標語もあって、とにかく状況を伝えることで差別の塊を溶かしていこうと闘ってきた人たちの歴史もある。

その意味で言うと、女性というのは人類の半数いるわけだから、マイノリティではないですよね。人数的には多いにもかかわらず、最近SNSで自己表現をし始めた女性たちが、同じような表現しかしないのはもったいない。結局男性社会が作った価値観に基づいた「女らしさ」を加工した写真ばかりをインスタに上げてる。

なんかばらつきが見せられない怖さよね。

林　男性社会で生きているだけに、男性社会仕様になっている女性はすごく多いですね。

ブル　渡辺直美ちゃんがトップインスタグラマーになるというのは素晴らしいんだけどね。彼女は名誉オネエみたいな立ち位置だし（笑）。

小島　表現って、やっぱり伝わらないと意味がないですよね。広く定着した既存の文脈の中で伝えていかないと、相手が話を理解できないので既存の文脈に乗りつつも、そこに視点が変わるような仕掛けを仕込む工夫が必要になる。特にマス相手のコミュニケーションでは。それってかなり高度な作業だから、時々疲れてしまうんですよ。で、じゃあもう伝えることなんか諦めてとにかく受け入れられることを優先しようとなると、さっき話に出たような、男社会の文脈の中での先鋭化路線になってしまう。変化を望むなら「私は既存の文脈では異端なんですけど、異端が無視されたり疎外されたりしないようにあなたに世界を読み替えてほしいんです。でもあなたを否定せずに、ちゃんとわかるように表現しますね」っていう一番むずかしいところを狙わなくちゃいけないんですよね。怒りが強くなりすぎるとこの「あなたを否定せずにわかるように」の部分を譲歩だと思ってしまうので、それ抜きの怨嗟と説教になってしまう。それだと伝わらないですよね。でもね、でもやっぱり怒りはあるのよ、私にも。

女性らしさはどこからくるのか

林　女性とはなんなのか、ちょっとわからなくなっちゃうんですよね。女性はずっと男性の評価軸の中で存在が評価されてきたから。男のような女性と、男に仕えるような女性はあるけれど、本当に女性らしい女性とはどんなものなのか。それが「女性表現」と言うときのむずかしさかと思います。

ブル　私の知り合いでホルモン治療をやっている子が、「男性の性的欲求とか女性のパートナーへの独占欲を生み出すのは、ホルモンの作用なんだねー」と言っているんです。打つのをやめたときの変化でそれをすごく感じるんだって。

小島　それは興味深い。

ブル　その子、以前はきれいになるからと女性ホルモンを月に一度打っていたのね。打った直後は、パートナーが浮気してないだろうかという疑念がすごく頭をもたげてきてイライラしたりするんだって。一方、もうすぐ次を打たなきゃという時期には、女性ホルモンが少なくなって男性ホルモンの影響のほうが強くなるのか、街行くイケメンにどうも目移りしちゃう。そんなことを何度も実感して。結局その子は今打つのをやめて過ごしている。男性的なセックスが好きなので、女性ホルモンを打つと、あのドキドキがなくなるからなしでいいや、となったみたい。だから見た目は女子っぽいままで、相手を自分で責めるようなプレイを楽しんでいる。

小島　やっぱり身体構造的に、挿入すると挿入されるというどうにもならない侵襲性と被侵襲性があるじゃない？　あれっていつも興味深く思っているんだけど。

ブル　私や社長はリバーシブルで来たから、もし男が責めるだけ、女性が受け入れるだけのセックスをしてきたことで長年培ったなにかがあるのなら、みんなリバになればいいのに、と思うことはある（笑）。

小島　でもやっぱり男根がついてないから、自分の体の一部を相手の中に入れて、その一番奥の本人も取り出せないところに自分の遺伝情報の入ったものを残してくる、その身体感覚がどうしてもわからない。

ブル　そこにファンタジーのある人は多いだろうね。ゲイの一部にも、子どもが生まれないし、むしろ性感染症のリスクしかないのに、ストレート男性と同様の種付け幻想があるんだよね。

小島　私は男根がついていないので、どんな感じなんだろうっていうのを知りたいんです。そこがわかれば、男性性についても体験としてわかると思うんだけど。侵襲する性っていうものを。

ブル　体験主義的にはそうよね。

林　その意味で言うと、私は閉経した50歳以降、やっぱり何かがちょっと変わった気がする。女性を見る目も男性を見る目も変わった。生理がなくなって、男性とはこういう人生だったんだ、って思ったの。こんな簡単な人生やっていたんだ、って（笑）。

だから慶子さんは男になってみたいとかおっしゃるけど、女性は生理がなくなって子どもが生まれない時期を迎えるとまた人生観も変わるし、ジェンダーに対する距離のとり方も違ってくると思う。今自分が女性だったときのことを振り返って、なんであんなに悩んでいたのかな、もっと女性を楽しめたのになあって思う。

ブル　じゃあ、閉経は解放でもあった？

林　怒りかもしれない。女性だった日々を返せ！　みたいに。

ブル　治療前のFtMやFtXの子で、生理をやっかいもの扱いする子はいますね。使う予定もないのに、こんなに苦しめられるなんて、って。

小島　私は5年前から子宮の中に黄体ホルモン（プロゲステロン）を出す器具を入れているの。そうすると体が妊娠していると勘違いして生理がなくなるのね。擬似閉経状態だから、まあ楽で楽で。一方で女性らしい体つきを作る卵胞ホルモン（エストロゲン）という女性ホルモンが少し減ってきているので、お腹や太腿にホルモンジェルも塗っている。1年に1回の検査でそれでもまだ自分由来の天然女性ホルモンが分泌されていることがわかると、どこかほっとする自分もいます。つまり生理は鬱陶しいから金輪際いらないけど、ホルモンには出ていてほしいという引き裂かれた心理。で、いよいよ天然の閉経が訪れたら私は何になるんだろう、と思う。これは擬似閉経の私とリアル閉経の香里さんの違いなのかも。

林　私はもう子どもが産めないと思ったとき、3人めを出産する夢を何度も見たもの。もう産めないんだと悟ったとたん、あともう1人子どもを産みたかったとか思っちゃって。私は子どもが好きなタイプじゃ全然ないのにね。

ブル　でも夢で見たってことは深層心理で何かあるんだろうねえ。

林　フロイト的深層心理の説は性本質主義につながるようでまったく信じてなかったのだけど、体が変わると、見える景色も変わると思ったのね。

小島　男性ってその意味で、自分が違う体になるってことはないよね。枯れていくだけで。

ブル　女性ってもちろん出産は経験しない人もいるけど、妊娠と閉経という衝撃的に世界観が変わる二つの経験があるってことよね。

小島　自分の意思とまったく関係なくある日突

然生理が始まり、自分の意思と関係なく、受精卵が着床し、お腹の中で勝手に胎児が大きくなり、出産だってたとえ計画分娩したって子どもが降りてきちゃうのはコントロールできないし。閉経もどうにもならないし、完全にホルモンに振り回されてる。

ブル　逆に言うと、それだけの身体的メカニズムの差を体験できるのだから、それを使って、男女を考えることもできると思うんだけど、今はその翻訳に嫌なものが多すぎるのね。

小島　そうですよ。女性にしてみたら、自分の意思とは関係なく体が変わるのに、世間からは、とくに日本では若くてかわいい女の子しか価値がない、と考えられている。自分の意思でもなくこんなに変貌しながら生きていかなきゃいけないのに、なぜ社会はそのごく一部しか女と認めないのか。ものすごい理不尽を感じる。

女の先輩・母親という呪縛

社長　人類の半分の人たちがそういう理不尽さを感じているのに、それを表明しないっていうのはどうなんだろう。うちのおふくろは自分が閉経したときに、「こんなに楽なんだよ」ということを何とはなしに教えてくれたけどね。

ブル　つまり、お母さんが娘にどう教えるかがすごく大きいってことですよね。私はゲイの息子だったけど、おかんから「女」にまつわることを教えてもらってた気がする。

ここ数年、山梨のハロウィンコンテストの司会をしているんだけど、お母さんに連れてこられる女の子たちがみーんなドン・キで買ったパステルカラーのプリンセスセットみたいなのを着てるのよ。その子が本当にそれを好きならいいんだけど、みんなが王子様が迎えに来てくれるお姫様として生きられるわけじゃないのに、よくもまあそろいもそろってこんな衣装にするな、って思って見てるの。

そこにたった1人だけ、すごくおしゃれな死神になっている少女がいたの。お母さんも明らかにセンスがいいのよ。私はその子に特別賞をあげて、「あなたみたいにかっこいい死神になっている子、私は大好きよ」と言ったのよ。

小島　すてきですね。エイジズムとルッキズムにさらされすぎて、女性たちは「やっぱり女の子は若くてかわいくておしとやかにしているほうが、圧倒的に得するわよね」って思わざるを得ない。しかもそれを再生産する側に回っているという悲しさ。20代の子なんかも、このまま時よ止まれ！　って願っちゃっている感じが悲しくて。奇跡の40代とか、つまりはいつまでも20代に見える女であることがよしとされる感じは本当に切ない。いつだって自分の人生なのに。

私の母親なんかも、まさにそう。「きれいな花にしかいいチョウチョは寄ってこないのよ」と本気で言っていた人だから。

ブル　あら～！（苦笑）

小島　彼女はそれで貧困から抜け出したのよ。美人だったから商社マンと番うことができて、相手の家も貧乏だったけど高学歴だったから安定した会社に勤めることができ、中流になることができた。だから彼女は自分が美人でよかった、と思っているし、若いうちに肩書きのある男を捕まえておいてよかったというのを、実体験として感じている。

ブル　デヴィ夫人タイプよね。美貌で動かした、という。

小島　でも娘にはそう教えるくせに、自分は美貌で身を立てたって絶対に言わないの。そこにもすごい悲しみを感じるんです。結局女の人って、そういうふうに社会に規定された女らしさによって実際に得をして、同時にそんな自分を後ろめたく思う気持ちを抱えている。だからこそ、自分を救うために〝女は若さと見た目〟という価値観を肯定する側に回ってしまうんだろうな。

ブル　富士山の五種類の登山コースみたいに、ざっくりいろんな生き方を提示した上で、「あなたはどれを行く？　今はまだこういう社会だから、楽に行くならこのコースよ」と、理路整然と教えてくれる母親ならいいんだけど、自分はこのコースを登っていい思いをしたから、あんたも絶対ここしか登っちゃいけません、となるのはおかしいよね。

小島　親の意向からそれて勉強して自立した香里さんは、娘さんにどう伝えてきたの？

林　娘は男女の別なく育てたし、私の怨念も見ちゃっているから、彼女に「女だから」はゼロ。しかし、それはそれで生きにくさも感じてもいるようですけど。

ブル　いいですね。でも相変わらず親世代は子どもに自分の価値観を押し付ける人が多いって聞きますね。

林　いろいろと大変な社会ですからね。新自由主義の台頭でもつ者ともたざる者との格差は広がる一方。どんどん状況は厳しくなっていますから、親はなるべく安全な道を確保したいんでしょう。一番着実に楽に登れる登山道に導くのが親心だと思っているんでしょうね。

ブル　ガチガチの寄り添い型が増えちゃっているみたいで。

社長　でも本人に向いているかいないかは、見極めなくちゃいけないじゃん。

小島　子どもは白紙、もしくは空っぽのバケツだと思っている親と、元から何かが詰まっているからそれを知りたいと思う親と、大まかにわけて二つあるんじゃないかと思うんですよ。前者は自分が最高級のものを集めて空白を埋めてあげなきゃと思うし、後者は、子どもからなんか面白いものを発掘したいと思う。本人が女装をしたいといったら、「へええ、そういう人だったんだ！」というように。でも前者は、「いや、そんなの私のメニューにないからやるなよ」と。

ブル　昔から「そんな子に育てた覚えはありません」という言葉があるけど、子どもは育てられた形でしかないと思っているんじゃない。生まれ持ったその子の形と育てた意向とのセットなのにね。

問題をまずは可視化していく

ブル　今回の選挙で山本太郎ちゃんが頑張って、障害者の方を2人国会に送り込んだじゃない？あれに対する反応で圧倒的に多いのが、「そんな人たちにがお仕事できるのか」というもの。表面上かれらを気遣っているかのような言い回しなのに結局は否定している。

国民の代表が集まる場所に、かれらのような人がこれまで1人もいなくて、議事堂のバリアフリー改築を今初めてしなくちゃいけないこと自体が驚きなのに、ようやくそのときが来たことを歓迎するより、まだ否定的なコメントのほうが多いという現実を見るにつけても、やっぱり可視化はしなくちゃいけないと思う。当面最初の2人は矢面に立つことになるけれど、あれが10人ぐらいまで増えれば、だんだん当たり前になっていくんじゃないかな。

どのジャンルもこの繰り返しなんだと思うの。最初は矢面に立つし、誤解も生じるけど、かれらを叩くことに意味はない。叩くべきは誤解する側なのに、その人らしさを叩く世の中ではああってはいけないと思うんですよね。オネエキャラとして売っている自分の保身のためにも、ここはほんと言いたい（笑）。

林　多様性がいい、多文化共生がいい、と言う人はたくさんいますが、確信的にいいと思っている人は実はまだすごく少ないと思うんです。社会が多様になっていろんな枠ができると、今の主流派が相対化されてしまうし。実際、そういう「いろいろ」を束ねて社会運営をするのは案外めんどくさいですから。だって、車椅子の人が国会にいないほうが、面倒な工事しなくて楽じゃないですか。ああいう方々が活躍することと、いろんな声が反映されて、みんなが自分らしく楽しく生きられること、そういうのがいいよね、といくら伝えても、多くの人たちの実感がわくところまではなかなかいかない。ニューヨークのパレードみたいに、わけわかんない人たちが大勢集まって楽しいねえって共感し合える場が日本には少ない。そういう意味での社会の豊かさがまだまだ可視化されていません。

ブル　環境の変化に適応するという意味では、集団内にはいろんなパターンがあったほうがいい。何かあったとき、状況を打開するアイデアや行動が出てくる可能性が高まるから。だって実際、生き物によっては集団内にメスが足りなくなるとオスがメス化することがあるんでしょう。

LGBTを否定したい人って、よく「種の保存に反する」って言うわよね。普段から人類のことを考えているはずもないのに。気に食わない、否定したいからそれっぽい理由を後付けしている。種の保存の観点で言えば、むしろ一つしかパターンがないと不測の事態があったときに全滅してしまう。いろんなタイプが複合的に存在している種のほうが強いというのが自明ですよね。

その意味では、今、いろいろと社会が動いている中で、「こっち側」の言葉を発する宿命を背負った少数派に生まれたことに、私は意味を感じるのね。せめぎ合いはどこまで行っても続くし、時代によっても波はあると思うけれど、今のところはガス室で一斉に殺されるわけじゃない。

原動力に語るというミッションがあるのなら、自分がつらさを感じているからこそ、つながる想いを抱える人たちへの伝え方もわかるんだ、と私はポジティブに考えるようにしています。それぞれのジャンルで、その人なりに「私は自分に恥じず闘ったよ」と思える人生が送れればいいと思う。

目標を物理的に設定してしまうと、そこに届かなかったとき後悔が生まれてしまいそうだけど、少なくともそっちに向かっているということで評価できればいいのかな、と思っています。

04

炎上の影に「働き方」あり！

――メディアの働き方改革と表現を考える

白河桃子

白河桃子　しらかわ・とうこ

相模女子大学、昭和女子大学客員教授、住友商事などを経てジャーナリスト、作家に。2008年山田昌弘氏と『「婚活」時代』（ディスカヴァー携書）を上梓、婚活ブームの火付け役に。女性のライフキャリア、少子化、働き方改革などをテーマにテレビに出演し講演を行い、内閣官房「働き方改革実現会議」など政府の委員を歴任。著書に『ハラスメントの境界線――セクハラ・パワハラに戸惑う男たち』（中公新書ラクレ）、『御社の働き方改革、ここが間違ってます！――残業削減で伸びるすごい会社』（PHP新書）、『「専業主夫」になりたい男たち』（ポプラ新書）などがある。

働き方と表現はつながっている

第3回メディアと表現について考えるシンポジウム、「炎上の影に『働き方』あり！ メディアの働き方改革と表現を考える」（２０１７年5月）の構成を担当させていただいた（登壇者については３１５頁を参照）。

働き方と表現はつながっている。このテーマの気づきのきっかけは、私が拙著『御社の働き方改革、ここが間違ってます！』（ＰＨＰ新書）のために、現役マスコミ女性にお願いして語ってもらった覆面座談会「マスコミ女性怒りの座談会」だった。

子育てしながら働くワーキングマザーの全国紙、キー局の女性たち。収録した座談会から彼女たちが現場で浴びせられる様々な言葉で印象的なものを拾ってみた。

「記者なんだから、イヌみたいに2人も3人も（子どもを）産まれたら困るよな」
「親の死に目に会えないよ」
「休みは悪だよ」
「24時間働けない人は『B級労働者』」

「子宮を取れ！」

彼女たちに投げかけられるセリフから、その現場に長時間労働、セクハラ、マタハラ、パワハラが横行していることがうかがえる。日本では、こうした現場でさまざまな報道、バラエティ、ドラマ、ＣＭが制作されているのだ。

その現場で報道はどう影響されるのか？

例えば保育園問題だ。座談会に出てくれたメディア女性たちは、ずっと「保育園が足りないのはニュースになりうる社会課題だ」と言い続けてきた。しかし、彼女たちがいくら訴えても、上司（デスク）に却下されてしまう。それはニュースとして扱う価値がないと。上司は「保育園に子どもを預けてまで働く母親は特別な人たち」と言い、「保育園が足りないのは社会課題」と彼女たちが訴えても、大きく取り上げられることはなかった。

ある女性記者は言う。

「保育園で子どもが亡くなるなど、痛ましい事故を報道するときも『母親はなぜ働かなければいけなかったのか？　その理由を書け』と言われるんです」

これだけ共働き世帯が増えた時代でも、女性が働くことに対する上司たちの意識がアップデートされていないのだ。

結局、日本の大手メディアが保育園問題にニュース価値を見出したのは、「保育園落ちた、日本死ね！」のブログが話題になった2016年のことだ。もし現場の意思決定層に多様性があり、保育園不足を訴えるワーママ社員の声がもっと早く拾い上げられていれば、保育園問題はもう5年は早くニュースになっていたはずだ。政府の保育園問題への施策ももっと進んでいたのではないか。なぜなら、ある大臣に「世論とはなんでしょう？」と直接聞いたところ「世論とはマスコミに取り上げられること、新聞やテレビに出ること」と言われたからだ。

「取り上げるべきニュース」を決める上司とは誰か。それは現場の責任者である。ほとんどが男性で、専業主婦の妻を持ち、「24時間が報道の基本」と信じて走って来た世代だ。

2017年に民放労連女性協議会が在京テレビ局の女性比率を調査したところ、正社員の女性比率は2割前後。女性役員は少数いても、驚いたことに現場（制作、報道、情報政策部門）の女性責任者はゼロだった。2018年調査でも変わっていない。

テレビ番組などに出ると、現場には女性の姿はある。しかし上に行く女性は少ない。正社員として入社し、スタートは同じでも「時間制約」ができた社員は「働き方による足切り」にあう。つまり「労働時間差別」が起きているのだ。

多様性のない「同質性の高い」職場はこうしてできる。

在京テレビ局女性比率調査

		日本テレビ	テレビ朝日	TBSテレビ	テレビ東京	フジテレビ	東京MX	NHK（全国）	平均
		組合調査						会社調査	
会社	社員	23.3%	22.2%	20.5%	24.5%	24.7%	24.2%	18.6%	22.6%
	役員	0.0%	0.0%	4.0%	6.3%	0.0%	14.3%	8.3%	**4.7%**
	局長	5.9%	0.0%	6.7%	0.0%	7.1%	30.0%		**8.3%**
報道部門	社員	32.3%	24.0%	17.1%	18.1%	21.2%	38.9%		25.3%
	最高責任者	0.0%	0.0%	0.0%	0.0%	0.0%	0.0%		**0.0%**
制作部門	社員		14.3%	19.3%	10.9%	15.4%	15.0%		15.0%
	最高責任者		0.0%	0.0%	0.0%	0.0%	0.0%		**0.0%**
情報制作部門	社員	21.6%		31%		26.7%			26.4%
	最高責任者	0.0%		0.0%		0.0%			**0.0%**
会社発表女性管理職比率		14.6%	9.4%	10.2%				8.0%	

appendix参照　出典：民放労連女性協議会

長時間労働が評価される硬直的な働き方で、意思決定層の女性が少なく、同質性の高い男性ばかりでコンテンツを作っていると、以下の事象が発生する。

①作り手の働き方が男性中心なので意思決定層の多様性がない。「ダイバーシティ&インクルージョン」が発動しない。

②長時間労働により、自己研鑽や世間を見る時間がない。そのため、作り手が受け手の意識の変化や場の変化に追いついていない。

③現場の社員の疲弊、メンタルも含めた健康リスク、組織には不祥事、ハラスメントなどが起きる。

その結果、以下のようなリスクがある。

・ニュースをニュースとする「感度」が鈍り、政策への影響が遅れ、社会課題解決が遅れるリスク

・見えない教育として偏った社会の風土や文化を醸成するリスク

また女性がいればいいというだけではない。「男性と同じ働き方」をしてきた女性は、時に名誉男性として同質性の仲間に迎え入れられる。「女性がいるから多様性がある」のではない。「多様な働き方」が認められていなければ意味がない。「多様な働き方」がない多様性は絵に描いた餅のようなものだ。

政策を作るのは政府、風土を作るのはメディア

私がメディアの働き方改革や多様性にこだわり、発信し、メディア各社の講演、研修などに力を入れるのは理由がある。それは「日本全体の風土、文化」につながる重大事だからだ。スウェーデンの政府高官が来日したとき、大使館に招かれて会食をしたことがある。北欧5カ国はジェンダー平等先進国で世界経済フォーラム（ＷＥＦ）による男女格差の度合いを

示す「グローバル・ジェンダー・ギャップ指数」２０１８年ではスウェーデンは3位である。１１０位である日本とは大きな差がある。

「ジェンダー平等の先進国になるきっかけはなんでしょう？」と必ず聞くのだが、ある政府高官がこう言った。

「法律や制度は国が作ることができる。しかし風土はメディアが作るんですよ」

日本がジェンダーギャップ１１０位なのは、変わらないメディアが原因ではないか？しかしメディアの多様な働き方は本当に可能だろうか？　働き方改革法案が２０１９年４月から施行された。その影響で「番組スタッフを20名から30名に増やした」「働き方改革予算として10万が１番組に支給される」「ドラマ収録のスケジュールに27時などの記述がなくなった」などという話も聞く。私も２０１８年から様々なメディアで働き方改革の講演、研修をしているが、ワーキングマザーの女性たちからの共感は得られるが、「メディアは特別な業界で労働時間の制限はそぐわない」という戸惑いや反発も多い。私は「働き方改革実現会議」の有識者議員として、残業上限の設定を提言してきたが、そのときに「メディアから労働時間の上限規制の対象外にしてほしい」という申し入れがあったという話も聞いた。

メディアは働き方を変えられないのは本当だろうか？

前述のシンポジウム「炎上の影に『働き方』あり！メディアの働き方改革と表現を考え

る」を企画したのは、それを問いたかった意図もある。

古田大輔さん（登壇時BuzzFeed Japan創刊編集長、現メディアコラボ代表）は朝日新聞当時は「有給休暇の申請の書き方も知らなかった」ほどのハードワーカー。「24時間戦えますか？」の長時間労働ＤＮＡの申し子のような記者だったという。

「朝日を辞めてBuzzFeedに入ってニューヨークで研修を受けたときに衝撃を受けたんです。18時でほとんど人がいなくなる。それで、遅い時間まで会議のメモを作っていたら、『お前何やっているんだ？』と聞かれて『日本では夜中まで働くのが当たり前だった』と言ったら『それでどうやったらクリエイティビティが保たれるの？』と言われました。頭を殴られたような気持ちになって働き方を変えようと思いました」

BuzzFeedでは「多様なニュース」を扱うため、「ダイバーシティ」の担保はグローバルな経営課題となっている。性別だけでなく民族の多様性も経営レベルで問われている。

また古田さんは「長時間労働」を止めることにも取り組んでいる。そのためには「ルール」「ツール」「カルチャー」が大事だという。止めるべき仕事のルール、効率化するツール、現場の多様性を阻害しないカルチャーだ。

「『こだわりを持って作りたい』とか長時間働きたい人もいるんですね。そういう人たちの自主性を重んじながらも休みたいとき、休むべきときに休めるシステムやカルチャーを作っていくのが重要だと思っています。『長時間労働が当たり前』は言い訳でしかなくて、長時間労働が常態化しているのであればそれはマネジメントの責任だと思います」と古田さんは語った。

同じメディアでもBuzzFeed Japanのようなウェブメディアの働き方は、旧メディアである新聞社や大手テレビ局よりかなり柔軟である。多くの優秀な新聞記者やテレビ局社員が今ウェブメディアに転職しているのは「働き方の柔軟性」を求めてということが多いだろう。人間24時間仕事をしていたら当然疲弊する。またプライベートとの両立は不可能になる。さらに表現者として一番重要な「クリエイティビティ」に影響するのだ。

同じような話を実は日経新聞の人にも聞いたことがある。日経新聞は早くから「夜討ち朝駆けはなし」とし、私のところに取材に来る人も「ただ話を聞くだけ、記事には載らないような取材は、いけないようになってきた」と話してもいた。私は自分も取材をする側でもあるので、時間を割いて話をしても記事に1行も載らないことも理解できる。しかし研究者などからは「1時間も話して5行もなかった」「結局載らなかった」という苦情を聞く。自分の仕事の時間が「無限」だと思っている人には、「時間は貴重だ」と思っている人の気持ちは理解できない。自分の時間を大切にできない人は結局人の時間も大切にできないのだ。

「どこからそのような発想の転換になったのか？」と日経のある人に聞いたところ、フィナンシャルタイムズを買収した時、経営層が「まだ夜討ち朝駆けとかやっているの？　自分たちがやるべきことは、時間をかけた調査報道でしょう」と言われたことがきっかけになっているという。

現に日経新聞の紙面は変わったと長年の一読者として思う。読み応えがあるのだ。しっかり時間をかけて取材した読ませる長文の記事が目立つ。また日曜日の紙面は全くの別の編集部が立っていて、雑誌記事のような柔らかい読み物中心となっている。これも効率化の一つであろう。

働き方も「残業や労働時間の把握など、かなり厳しく言われている」ということで、長時間労働のメディアというイメージも、以前と比べたら改善されているのだろう。

紙とウェブの両方で読んでいるが、最近の日経新聞記事のプッシュ通信を見ると、新興の経済ウェブメディアNewsPicksと、タイトルを見ただけでは見分けがつかないことがある。良い意味で「日経らしくない」記事がたくさん生まれている背景には、この「方針の転換」があるはずだ。

24時間の働き方を変えても、日経の紙面の質は落ちているどころか、むしろ上がっている。労働時間の制限がメデイアの働き方に是か否かには賛否両論ある。メディアの働き方に関しては「単に時間を短くせよ」というだけではダメだろう。もともと記者の働き方は「時間や場所は柔軟」である。しかし、柔軟であるからこそ余計に「際限ない長時間労働」となってしまう。

必要なのは「24時間働けないのはB級社員」「休みは悪」という昭和の働き方の美学のアンインストールであろう。多様性を根付かせるために、まずは一旦長時間労働DNA自体をアンインストールする必要がある。その後、メリハリがある柔軟な働き方を拡充していくのが順序として効率的だ。

今働き方改革といわれるもので、大手の企業などがやっていることは以下の二種類だ。

①長時間労働是正の施策（実労働時間の把握、早帰りデー、○時消灯など、時間に関する施策）

②柔軟な働き方の施策（テレワーク、フレックスなど）

①には大手の9割の企業が取り組み、②は日本企業全体ではまだ1・5割ほどに制度が入っている程度だ。「何時に帰れ」と掛け声をかけることが働き方改革か？　それとも「自由な場所や時間で働くこと」が働き方改革か？　とよく聞かれる。これは順序があるのだ。

昭和の高度成長期に基礎を築いた「昭和レガシー企業」の場合、まずは「時間の有限性」

を意識した施策をして「長時間労働ＤＮＡのアンインストール」から入るべきだ。これら企業の特徴は「長時間労働で勝ってきた成功体験」があり「45歳以上の男性の構成員が多い」ことだ。一方外資系やベンチャーなどの比較的新しい企業は、今後どんどん自由で柔軟な働き方に移行していくだろう。こちらの組織の特徴は「もともと社員は自律的に働くことになっている」「社員は40歳以下が多い」ことだ。

「長時間労働ＤＮＡ」のある会社にいきなりテレワークなどを入れても、結局のところ「いつでもどこでも長時間働く」ことになってしまう。

ジェンダー炎上はテレビ番組にも、ＣＭにも起きる。

メディアの同質性のリスクによるこの弊害はニュースだけではない。「何を面白いものとしてバラエティ番組で取り上げるか」といった決定にも、多様性がないことになる。

女性だけの放送作家集団を作ったたむらようこさんは「外の会議に行ったときに『面白い』『面白くない』と判断される基準は男性の目線」と考え、あえて業界内の多様性を担保するために自分たちは１００％女性の集団を作ったそうだ。

経営戦略としての働き方改革

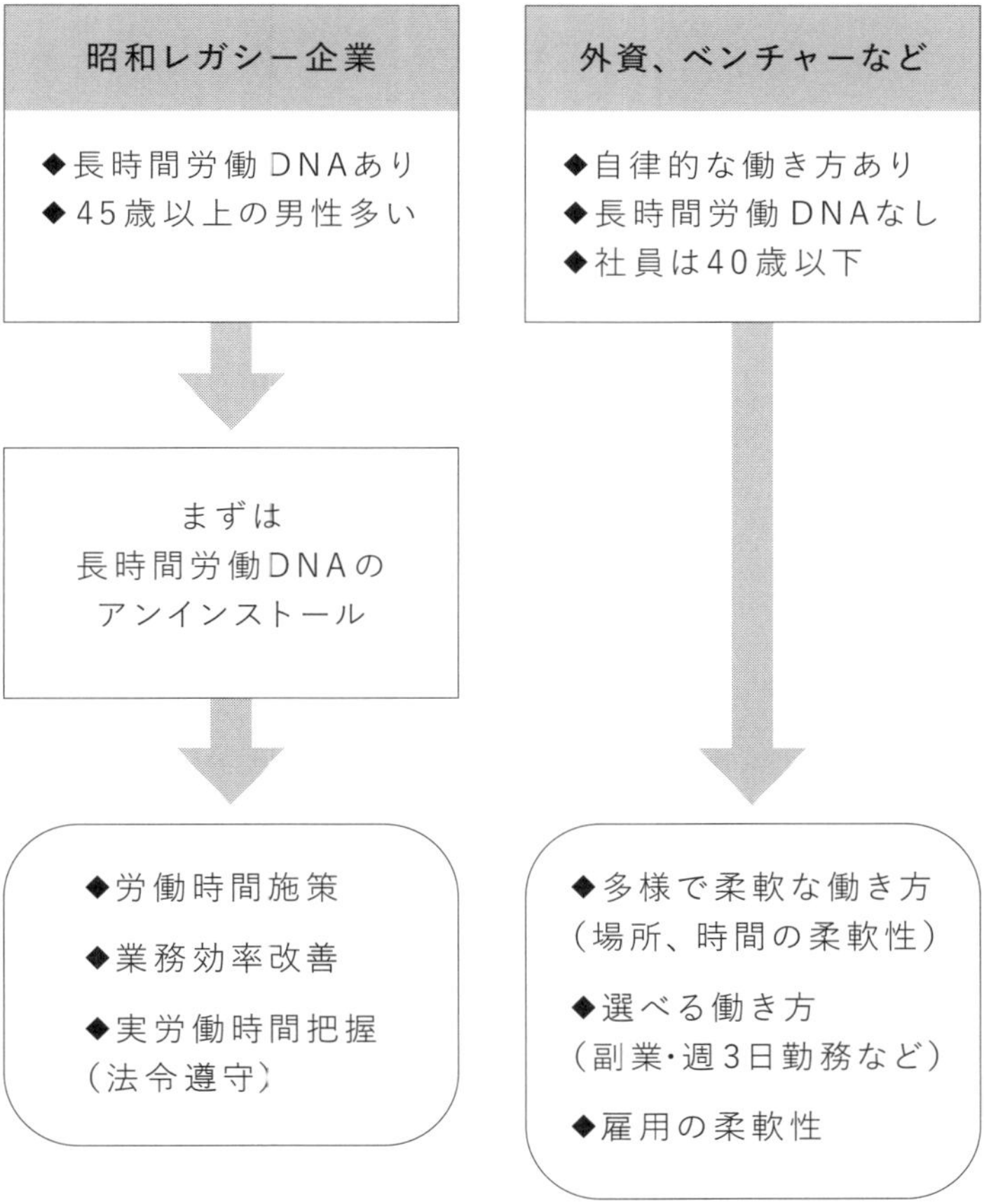
昭和レガシー企業
◆長時間労働DNAあり
◆45歳以上の男性多い
まずは
長時間労働DNAの
アンインストール
◆労働時間施策
◆業務効率改善
◆実労働時間把握
（法令遵守）
外資、ベンチャーなど
◆自律的な働き方あり
◆長時間労働DNAなし
◆社員は40歳以下
◆多様で柔軟な働き方
（場所、時間の柔軟性）
◆選べる働き方
（副業・週3日勤務など）
◆雇用の柔軟性

「だんだん男性の価値観を内面化してしまって自分が面白いと思うものがわからなくなってくるんです。それをなんとか防げないかなという思いがありました」という。

シンポジウムでたむらさんはテレビ業界の現場にある「数の暴走」と「思い込みの暴走」の話をしてくれた。

「まず『数の暴走』というのがあると思います。『朝の体操事件』というのがありました。朝の番組の会議で、そのときの男女比は40対1で女性が私しかいなかった。『朝、ビキニの女性が爽やかにダンスを踊る』という企画が出て盛り上がって通ってしまったんです」

たむらさんは反対したが多数決では致し方ない。そこで次週に企画書を出した。「男だ、朝の体操」という企画で、「ビキニパンツの男性が爽やかに体操をする企画」だった。そうすると男性陣は皆「気持ち悪い」「そんなの見たくない」と反対した。そこで先に出た企画が女性から見たら「朝にふさわしくない」ということを伝えることができたのだ。悪気はないが「数」の暴走や現場に体育会的な悪ノリの暴走がある。

二つ目は「思い込みの暴走」だ。たむらさんは「女はスイーツが好き。マカロンが好きという謎の思い込みがある」という。たむらさんの会社は女性ばかりなのでマカロンをお土産にもらうことが多いそうだが、実はマカロンが好きな女性はあまりいなかった。

アニメの企画で、「お母さんは一家の専業主婦だから風邪をひいてはいけない」という謎の一線が越えられず、お母さんが風邪をひくシナリオ案が却下されたことがあるそうだ。

確かに日本のアニメはサザエさんからポケモンまで、出てくるお母さんは専業主婦。仕事に行く背中を子供に見せることは少ない（もっとも最近のプリキュアは「女医」が登場したり、2018年12月2日放映の『HUGっと！　プリキュア』第42話には、シリーズ初の男の子プリキュアが登場し大きな話題になっている。プリキュアは「誰でもなれる」時代で、実はダイバーシティに富んだアニメになりつつあるのだ）。

「F3層（50歳以上の女性）の数字を取らないと視聴率が取れないというのがテレビ業界では大スタンダードになっているんですね。それで、男性スタッフたちは謎の主婦像を描いていて彼女たちに受け入れられるものを作ろうと一生懸命努力しています」

作り手の男性たちにある〝謎のおばちゃん像〟とは何か？

「要するに『難しいことが嫌いなバカ』なんです。彼女たちは、自分より下の人をバカにして笑って溜飲を下げているというイメージで、そういうイメージが1人歩きしているんです」

私もテレビの現場に呼ばれたとき、打ち合わせの段階で「そんな難しいことは主婦にはわからない。うちの番組の視聴者は主婦だから」というセリフを何回も聞いたことがある。視聴者をバカにしながら作る番組という姿勢に疑問を覚えた。

シンポジウムで司会をしてくれた小島慶子さんもテレビ業界で長く仕事をしている。

「マッチョな価値観の男性が主流の職場だと、女性観が歪むわけですよね。謎の女性イメージが共有されている。で、それに加えて自分たちが共有している女性観を『女性に語らせる』という手法で女性の視聴者に見せる。すると女性の視聴者に男性の価値観が刷り込まれて内面化してしまうわけですよね」という指摘をしてくれた。

同質性の現場に蔓延する「歪んだ女性像」を「女性から語らせること」で「女性同士の対立」に持っていくという、おなじみの構図があるのだ。

被害を受けるのは女性だけではない。フジテレビの「とんねるずのみなさんのおかげでした」30周年記念番組で、「前身の『とんねるずのみなさんのおかげです』（１９８８～１９９７年放映）内の人気キャラクター、保毛尾田保毛男《ほもおだほもお》が特番で復活した。翌日それに対してＬＧＢＴ団体が抗議し、フジテレビ社長が公式謝罪するという炎上案件があった。

現場の若い人たちは「さすがに今の時代、このキャラクターを出していいのか？」と思ったそうだが、上層部の声には逆らえなかったという話も後で聞いた。女性だけでなく、若手の声も届かないことになる。

正反対の多様性のある現場では、様々な声を拾い、リスクを回避することができる。シンポジウムに登壇したジャパンタイムズ執行役員の大門小百合さんも「子育て中の女性デスク」という先行事例を示してきた1人だ。

「ジャパンタイムズは多国籍メンバーでいろいろな人が働いているので、気づかされることも多い。例えば、ＬＧＢＴの話を取り上げたとき、性転換をした女性がいて、『Ｓｈｅ』と書くべきところを『Ｈｅ』と書いてしまい、編集会議でアメリカ人に怒られたこともありました」

他にもアートの視点で「アートという視点でラブドールを取り上げたい」という企画があり女性デスクがＯＫを出した。大門さんは「女性デスクのＯＫならいいか」と思ったが、他の女性記者から「性をモノとして扱っているものを取り上げるべきなのか？」という問題提起があった。

「私も反省をしました。女性のデスクがオッケーを出したのだから『女性の視点が入っている』と思ってしまい、私も『アートという視点ならいいか』とオッケーを出したのです」

やはり現場に多様性があるだけでなく、「多様な意見を忌憚なく交わせる風土」が、メディアの発信の質を担保するのだ。それがダイバーシティ＆インクルージョンの本質である。

林香里教授は最後にこう締めくくった。

「報道現場はきつい職場です。特有の職業倫理や規範があってチームで取材制作していくと思うんですが、この記者の仕事の倫理観の中に『男性性』が埋め込まれてしまっていて、それを内在化させてしまっているから気づきが遅れてしまうんですね」（１３４頁からのシンポジウムの発言は情報サイトwotopiによる）

見えない教育としてのメディア

テレビなどのマスメディア、広告などは、意図しなくても多くの人の意識に与える影響が大きい。英国では２０１７年にイギリス広告標準局（ＡＳＡ）が、性別にもとづくステレオタイプを助長する広告を禁止とした。望まなくても目に入る「広告は見えない教育」であるとし、次世代への影響を考えたからだ。

具体的には、若い女性が不健康なほどやせていることを美化したり、「女性の役割は家の掃除」「女の子とはこういうもので男の子とはこういうもの」「男性に家事や育児は無理」といった性別にもとづいて役割を固定したりする広告である。

日本ではどうだろうか？　都内の高校生5人が調査した結果がある。お茶の水女子大付属高校（東京都文京区）の2年生5人が昨年放映された洗剤のＣＭ24本を調査した。「洗濯しているのは女性17人、男性4人で、設定が家族のＣＭ10本ではすべて母親役が洗濯していた（『東京新聞』２０１９年3月8日）。

また国際NGOプラン・インターナショナルと活動を共にするユース（15歳〜24歳）たちが「日本の広告から15歳から24歳の若者がどのような影響を受けているか」についてアンケートをとって発表した。

「41・8％が不快感をもった広告があると回答・良い印象を抱いた広告30・2％を上回る」という結果になった。また「メディアは家族以上の影響力を持ち、学校や友人に匹敵する影響を与えている」こともわかった（国際NGOプラン・インターナショナル、広告でのジェンダー描写に関するユースの意識調査）。

それでは彼らが不快と感じるのは広告のどういう部分なのだろうか？　ジェンダーに関するものが上がっていた。

・女性を性的対象として描いている――体の一部をズームアップしている
・容姿に関する押し付け――画一化された美を押し付けられている
・ジェンダー役割を押し付けている――男性は仕事、女性は家事
・ジェンダーに基づく差別――暴力的な描写
・LGBTについての配慮がない

これを聞いて思い出したのが昨今の炎上ＣＭ事例である。例えば壇蜜さんを起用し、エロティックな描写をメインにした宮城県の観光誘致ＣＭ（２０１７年宮城県）は「女性を性的対象として描いている」に当たる。その後、県議会女性議員たちの抗議で取り下げられた。

子育て中の母親のワンオペ育児の実態をリアルに描いた日本のオムツメーカーのＣＭ（男性は4秒映っている）は「ジェンダーの押し付け」に相当する。このＣＭはリアルで良い、感動するという声もあるが、「ワンオペ育児の辛い時期を思い出し吐き気がした」など、子育て当事者によってTwitterで批判された。最後に「その時間が、いつか宝物になる」という文章が入っていたために「現状追認になっている」ことがより当事者である親たちの怒りを招いたのではないか。

私も時々「この発信でいいかチェックしてほしい」という依頼を受ける。まさに「現状追認」型の美しいＣＭに出会ったことがあるが、私が入ったのは最終チェック段階だった。すでに著名なクリエイターが「良い」として作成したものを最後に変更するのはむずかしい。「私だったら、この大変なお母さんのためになにができるのか？　という提案型のコピーをどこかに入れる」と提案したが、変更はできなかった。最初から多様性のあるチームで、多様な助言者の声が通るように仕組まないと、現場での後からのチェックはむずかしいのだと思った。

広告業界に憧れる女性は多いが、長時間労働、体育会系のマッチョな現場である。最大手電通が「長時間労働」による「過労自死」の問題で、トップが交代したことはまだ記憶に新しい。「長時間労働が常態化していないか」と「働き方の多様性があるか」「現場にたつ女性の意思決定層が何パーセントか？」は、現場の意思決定層の多様性を図る上で重要な指標である。そもそもクリエイティブの現場が男性で長時間労働可能な人が中心であり、さらにスポンサーの現場も同じであると、炎上を防ぐ人がいないことになる。炎上したＣＭについて背景を調べると、やはり「女性管理職比率」などで劣る会社が目立つ。

P＆Gの経営戦略としての広告発信

では若い人たちはどんな広告を望んでいるのか？

「日本で『ジェンダーの固定観念を打ち破る広告を見たことがある』人は29・9％に留まり、ユースはジェンダーの固定概念を打ち破るような広告表現を期待している」（国際ＮＧＯプラン・インターナショナル、広告でのジェンダー描写に関するユースの意識調査）。

ジェンダーの固定概念を打ち破るＣＭといえば、思い出すのがカンヌライオンズなどでも数々の賞に輝いている世界最大の消費財メーカーＰ＆Ｇである。カンヌライオンズで賞をとった#LikeAGirlキャンペーンは「世界中の女の子と女性たちが〝強さと自信、活力を持って生きていけるように〟」と始められた、Ｐ＆Ｇ社の生理用品「オールウェイズ」ブランドの活動。ＣＭ動画では「女の子らしくボールを投げて」というと、大人の女性は遠慮がちに「女の子らしく」ボールを投げるのに、小学生の「女の子」は元気いっぱいに、力強くボールを投げたり、走ったりする。「ジェンダーステレオタイプ」を可視化し、自分らしく生きていきたい女性たちを応援する仕組みになっている。

昨年は日本でも、Ｐ＆Ｇのシャンプーブランド「パンテーン」が、就活ヘアはなぜ「黒いひっつめ髪じゃないといけないのか」と、画一的な就活ファッションに一石を投じた。「自由な髪型で内定式に出席したら、内定取り消しになりますか？」というメッセージなど、１０００人分の本音のつぶやきが詰まったポスターは人目を引いた。２０１９年も企業１３９社に賛同を得て「#令和の就活ヘアをもっと自由に」というキャンペーンを展開している。

先日、Ｐ＆Ｇジャパンのベセラ社長と対談したのだが、世界最大の広告主であるＰ＆Ｇジャパンは25年前から「ジェンダー平等」（男女間の経済格差や社会進出の差）に照準を合わせ、それを解決する広告に力を入れている。

「それは経営戦略なんです。ＣＳＲ（企業の社会的責任）予算ではなくブランドの予算でやっている」という。

そのようなスポンサーの会社から、生まれるCMなのだ。

それでは企業の働き方と多様性を見てみよう。P&Gジャパンを見ても「多様性」のお手本のような会社だ。「ダイバーシティ&インクルージョン（D&I）」が経営戦略として位置づけられており、女性管理職比率3割は2013年時点で達成しており、取締役会は性別、国籍共に多様な場だ。働き方は柔軟性を完備した制度だが、大事なのは制度ではなく「風土」だ。経営戦略としてのダイバーシティ&インクルージョンはアクションプランに落とし込まれ、企業の血と肉となって機能する。

広告業界でも「Social Good」（地球環境や地域コミュニティなどの「社会」に対して良いインパクトを与える活動や製品、サービスの総称）を発信し、社会変革をより加速させる機能が望まれている。それは、国際NPOプラン・インターナショナルの調査でもわかるように、ミレニアル以降に続く世代たちが望む世界だからだ。

さらにP&Gの本社で設計され、全世界の社員が受ける「ダイバーシティ&インクルージョン」セミナーは、現在CSRの一環として日本企業約400社に無償提供されているのだ。そのほとんどが「管理職」研修で、これは管理職から変化しないと組織は変われないからだ。ぜひ多くの企業にこの研修を受けて欲しい。

女性を活躍させようというとある特定の層のためだけになり、「ああ、また女性のための施策ね」と耳を傾けない人は多い。

ベセラ社長は言う。「大事なのは制度ではなく、カルチャーを変えること。管理職にはD&Iを仕事に生かすためのスキルが必要とされます。D&Iは女性管理職比率などの数字のためではありません。自分が自分らしくいること、そして最高のパフォーマンスを達成することなんです」

プロクター&ギャンブル（P&G）のマーク・プリチャードチーフブランドオフィサーは「サステナブル・ブランド国際会議2019東京」に登壇した。「広告で平等を示しているブランドは消費者に信頼されやすく、成長する」と断言し、「男女格差などが起きる要因としてメディアの不正確な描写がある」と指摘している。だからこそ、格差をただすための広告が必要なのだ。

マーク氏は、「男女の経済格差をなくすだけで、世界経済に28兆ドルの効果が出る」と語った。全米広告主協会の調査では、全米の広告のうち29%が、女性に対して偏見を持って描いていることが分かり、マーク氏は男性優位の広告業界の問題点を指摘した。ジェンダー平等を推進する広告に関しては、信頼度が10%高く、売上高の成長率は26%高いことも同協会の調査で明らかになったという。

最後に彼は「広告を打つ企業は次の世代に見られていることを忘れてはいけない」と訴えた（「広告で社会変革、カギは『ジェンダー』――マーク・プリチャードチーフブランドオフィサー」サステナブル・ブランド ジャパン 2019年3月15日）。

日本も広告主として多額の出資をしている企業は多い。企業価値をあげるためにも、まずはスポンサーから「次世代をよりよい社会にする広告」に責任を持つべきだろう。

広告主次第で、クリエイティブも変わる。だからスポンサーの意見を取り入れるためにシンポジウムには「Social Good」を体現した発信をするサイボウズとユニリーバ・ジャパンからも登壇者を招聘した。ユニリーバも、サイボウズも「働き方の多様性」と「D&I」を実現している企業であり、その発信は常に注目される。ただの企業の広告にとどまらず、企業価値に寄与している。シンポジウムはただ議論する場でなく社会を変革する仕掛けをする場でもあるので、来場するメディアの人たちに「広告主がこんなことを望んでいるのだ」ということを知ってもらいたかったからだ。

同質性のリスクが招くセクハラ事件

多様性の高い組織はイノベーションの生まれる条件でもあるが、その反対の同質性の高い組織はリスクが高い。そのリスクには「ハラスメントが起きやすい」ことも入っている。職場領域のハラスメントに関しては「個人の問題」だけでなく、「それを許す風土のある組織の病」だからだ。

海外の研究によると、セクシュアルハラスメントをする因子をもつ人はいる。その特徴として、①共感力がない、②伝統的な男尊女卑の考え方を持っている、③優越感、独裁主義的な性格をもっている、が挙げられる。この人はセクハラをしやすい傾向にあるが、どこでも必ずやるかといえばそうではない。「免責状態のある場」にいるからやるのだ。

ハラスメントを許す組織の外には、ハラスメントを容認する社会がある。

このシンポジウムが開催された2018年5月は、4月に起きた財務事務次官のテレビ朝日の記者に対するセクハラ告発で報道が過熱しているときだった。テレ朝の記者が財務事務次官をセクハラで告発し、財務省がそれを認め次官は辞任するという日本のハラスメント規制史上、ターニングポイントとなる出来事が起きた。この事件の舞台となった二つの組織を比較してみよう。

どちらも同質性の高い組織である。次の図は霞が関で官僚組織向けの講演をする際にもらった霞が関の構成人員である。女性が少なく40代以上の男性の比率が高い。また平成28年度白書の調査では霞が関で働く人の85項目の満足度を調査した。その中で30代職員の満足度が

国家公務員の任用状況（平成28年度）

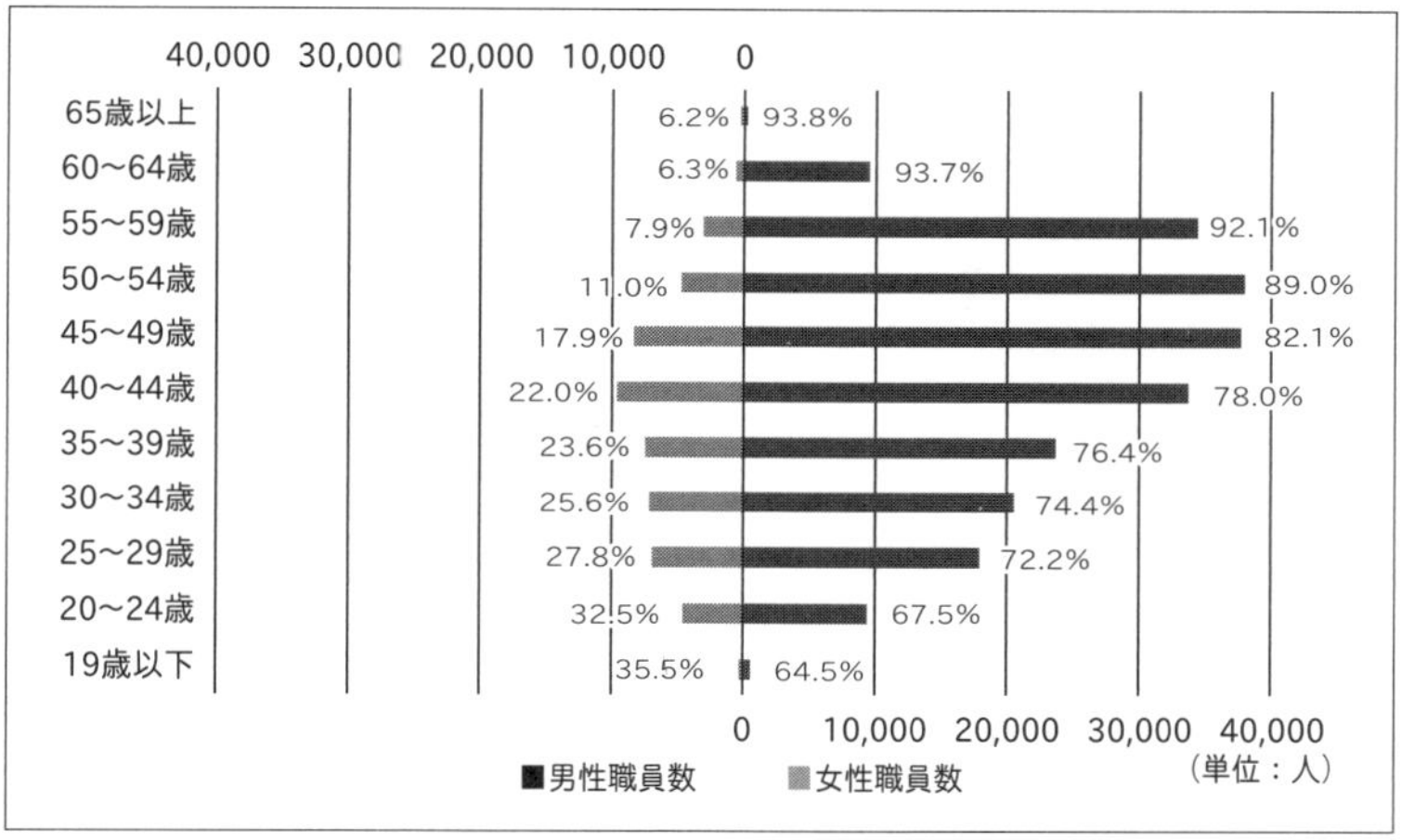

出典：人事院、「一般職の国家公務員の任用状況調査」

非常に低かった。低い要因をさらに調査したところ「長時間労働」「上司からの否定的な声かけ」などがあった。

　不祥事が起こりやすい企業の特徴として、「同質性の高さ」がある。不祥事とは昨今明らかになっている公文書改ざんや隠蔽、受託収賄、セクハラなどだ。

　村木厚子さんはダイバーシティの推進は「同質型の組織や社会が陥りがちな落とし穴をふさぐことに大いに役立ちます」と書いている（『日本型組織の病を考える』角川新書）。彼女があげる不祥事を起こしやすい組織の特徴は『権力や権限がある』『正義や公のために立派な仕事をしているとのプライドがある』『機密情報を扱うため、情報開示が少なく、外の目が入りにくい』『失敗や間違いが許されない』こと。彼女は霞が関の出身者なので、もちろん霞が関の組織について言及している。一方、メディアはどうだろうか？　同じことが言えないだろうか？

そうした組織は狭い同質な世界しか見ていないので、世間との「本音」と「建前」のずれに気がつかないのだと村木さんは指摘している。

セクハラにしても「建前」では「セクハラは人権侵害、してはいけないこと」、本音は「誰もがやっている。いちいち言われたら口もきけなくやっちゃう」というところだ。

しかし#MeTooの流れから、世の中は急速に変わってきている。「本音」と「建前」を使い分けているつもりでも、いつのまにか「本音」の「これぐらい許されるよね」が「許されないこと」になっている。それに気がつかないのは同質性の中に閉じこもっているからだ。

この政治とマスメディア、二つの組織の間にセクハラ問題がおき、大きくなっていったのは、同質性のリスクを語る上でとても印象的な出来事だった。

前述したように「政策や制度を作る政府」と「風土や文化を作るメディア」の二つの組織が「同質性」のリスクを持っている。本当に危険なことではないか？

最近はメディアも霞が関も自民党本部まで、幹部も含めたハラスメント研修をしたり、ジェンダーの専門家を呼んで講義を聞いたりしている。それは大きな一歩なのだが、働き方改革で多くの組織を見て来た経験から言えば、1日の研修をしたぐらいで人間は変わらない。

やはり究極のハラスメント対策は「組織の多様性」が担保され、多様な人がいるだけでなく、均等に声を上げられることだ。時間制約ができた女性も、一番若い人の声もきちんと届く組織になることだ。

「ハラスメントの懲戒を決める場に女性がいるかいないかで、結果は大きく違う」とある企業の女性管理職は言っていた。

では「同質性の高い組織」が「多様性があり、誰もが生き生きと働ける組織」になるにはどうしたらいいのか？　やはり第一歩は「働き方の多様性」を進めることだ。労働時間による差別がない働き方になることだ。


いくつかのテレビ局に「同質性のリスクと働き方」について講演に行っている。ある局では100名もの現場の女性が集まり、「こんなに現場に女性がいたんだ！」と驚いた。育休中で赤ちゃんを抱いて来てくれた人もいた。ロールモデルとして3名の女性が登壇し、自分の両立の苦労を語るうちに涙目に。聞いている女性たちももらい泣きという風景があった。

私は同じ光景を「霞が関の働き方改革」の会でも見ている。

この涙は「仕事場にも迷惑をかけている」「子育ても時間をかけられない」というギリギリの罪悪感の涙だ。こんな光景がなくなる日が来ることを心から願っている。そしてその時に本当に、メディアの表現は社会を変えるものになるのだと思う。

【参考文献】

「人事院平成29年人事報告書」第2部、次世代の行政の中核を担う30代職員の育成と公務全体の活性化――意識調査を通じて課題と対策を探る。

『東京新聞』２０１９年3月8日「その表現、性別縛っている　高校生がメディア調査」(https://www.tokyo-np.co.jp/article/national/list/201903/CK2019030802000147.html)。

公益財団法人プラン・インターナショナル・ジャパン「広告でのジェンダーの描かれ方に関するユースの意識調査」(https://www.plan-international.jp/news/girl/pdf/191009_girlsleadership.pdf)。

SUSTAINABLE BRANDS JAPAN ２０１９年3月15日「広告で社会変革、カギは『ジェンダー』―マーク・プリチャードチーフブランドオフィサー」(https://www.sustainablebrands.jp/news/jp/detail/1191896_1501.html)。

人事院「一般職の国家公務員の任用状況調査」(https://www.jinji.go.jp/toukei/0211_ninnyoujoukyou/0211_ichiran.html)。

「炎上の影に『働き方』あり！メディアの働き方改革と表現を考える」レポート。

◆以下情報サイトwotopiより
第1回「霞が関とメディア業界は40年遅れ」現場のセクハラ実態（https://wotopi.jp/archives/70735）。

第2回「うちのshipは風邪をひきません」テレビ業界に蔓延する〝謎のおばちゃん像〟って？（https://wotopi.jp/archives/70857）。

第3回「長時間労働が当たり前」は言い訳「BuzzFeed」が〝多様性〟を大事にする理由（https://wotopi.jp/archives/70859）。

最終回「関心がない人」に刺さらないと社会は変わらない　これからは〝多様性〟が武器になる（https://wotopi.jp/archives/70861）。

05

ジェンダー炎上する広告やCM
――市民は何に怒っているのか

治部れんげ

治部れんげ　じぶ・れんげ

1997年一橋大学法学部卒、日経BP社にて経済誌記者を16年間務める。2006～07年ミシガン大学フルブライト客員研究員。2014年よりフリージャーナリスト。2018年一橋大学大学院経営学修士課程修了。現在、日本政府主催の国際女性会議WAW! アドバイザー、東京都豊島区男女共同参画審議会長など行政のジェンダー平等政策に関与。著書に『炎上しない企業情報発信――ジェンダーはビジネスの新教養である』（日本経済新聞出版社）など。

ジェンダー炎上はこうして起きる

どうしてこんなものを作るのだろう――。テレビやインターネットで流れてくるＣＭを見て、疑問に思うことがある。女性は職場でも家庭でも若く美しくいて、１人で家事育児を完璧にこなす。男性は仕事ができることが一番の価値で、女性がそれを支えるのは当たり前……そんなメッセージを伝えてくる映像を見ていると、30年以上前に終わった「昭和」がよみがえってくるようだ。

今は令和元年。職場で男女が共に働くのが当たり前になり、スーパーで赤ちゃんを抱っこ紐に入れて歩いたり、街でベビーカーを押したりする男性の姿を見かけるのも珍しくなくなった。数は少ないが女性の国会議員や知事、社長もメディアに登場する。

一方で、そういう時代の変化をまったく反映していない、昔ながらの「女らしさ」「男らしさ」を描き続ける広告やＣＭがあとをたたない。

時にそうしたＣＭは、ＳＮＳで批判を集めて「炎上」する。背景にあるのは、作り手と受け手の溝である。作り手の広告業界やＣＭを流すメディア業界には男性従業員が多く、他業種と比べて給与水準が高く長時間労働だ。共働きが増え、女性も仕事を、男性も家庭や地域のことを担うようになった視聴者との間に生活感覚のギャップがあるのだ。

また、インターネットCMの場合、テレビCMより予算が少ないという特徴がある。そのため、地上波のように厳しい社内チェックを受けず、作り手は「冒険できる」と考えることもある。それが、消費者から性差別的とみなされると「ジェンダー炎上」につながる。

インターネット上で失言や失敗、問題行動が批判されることはよくある。特に批判や非難が多数集まり、発信者の日常生活や業務に支障が出るような状態を指して「炎上」と呼ぶ。発信者は謝罪や発言の撤回を余儀なくされることが多い。

これは企業側から見れば事業上のリスクである。一方、消費者は人権の観点から問題のある表現について、異議申し立てをしている状態だ。企業は市民感覚や人権感覚を学び、広告表現などに取り入れることを求められているのだ。

「最近は視聴者の方が、作り手の私たちより問題に敏感です」。ある大手テレビ局の女性ディレクターはこのように話す。朝の情報番組で製作スタッフの結婚を祝う様子を放送したところ「独身であることがいけないかのように受け止められる。差別的だ」という声が視聴者から電話で寄せられたそうだ。最近では、TwitterやFacebookに批判を書き込む人が増えている。

炎上にはいろいろな種類がある。中でも女性らしさや男性らしさの描き方が固定的であったり、押し付けがましかったりすると「ジェンダー炎上」につながる。本章ではジェンダー炎上CM・広告が批判された理由や対策について考える。

「ジェンダー」は社会的な性差を意味し、生物的な性差を意味する「セックス」と区別して用いられる。実は生物的な性差についても男性・女性の二元論ではすまない。見た目の性と性自認が異なる人もいれば、男女どちらかに分類されたくない人もいるためだ。こうした課題に対する関心、共感が高まってきたことにより「男らしさ」「女らしさ」の押しつけを批判する人が増えている。

まず、広告・CMにおける「ジェンダー炎上」ケースを四つ取り上げ、観た人の様々な反応、炎上に至った問題点をいくつかのキーワードと共に読み解いていく。具体的には「統計的差別」「性的な表現とチャネルの問題」「家庭や職場における性別役割分業とその追認」について考える。

Case1 トヨタ自動車のTweet
――統計的差別

最初にトヨタ自動車のTwitter炎上を見てみよう。2019年3月、同社がTwitterで次のように尋ねた。「女性ドライバーの皆様へ質問です。やっぱり、クルマの運転って苦手ですか?」。「#投票で教えてね」とハッシュタグがついており、選択肢は「とても苦手」「すこし苦手」「どちらでもない」「得意です!」の四つだった。

投稿に先立ち、同社は女性ドライバー限定の試乗会を開いていた。その際、運転に苦手意識を持つ女性が多いことが分かった。それを受けて、女性ドライバー向け企画の参考にするために、このTwitter投稿をしたという。

企業が製品やサービスの企画をする時は、どんな人が買ってくれそうかイメージをつかもうとする。例えば、高齢者が読みやすい書籍を制作することを想像してみると良い。一般的な書籍の文字を「小さくて読みにくい」と感じている高齢者がどのくらいいるのか、どのくらい文字を大きくしたら読みやすくなるのか、調べてみるのは当然だろう。つまり、試乗会で運転が苦手な女性がいることを知ったら「運転しやすいクルマ」を設計する、という発想は自然なことと言える。

ただし、Twitterを見た消費者には、企業の事情は伝わらない。この投稿を見て「女だからって運転が苦手なわけじゃない」と気分を害した人も多く、Twitterでは批判が集まった。トヨタ自動車は約5時間後にTweetを削除すると共に、同社広報部の公式Twitterで謝罪した。そこには「女性の運転技量が男性よりも劣るかのような不適切な表現がございました」と書かれていた。

私はこのケースを、2019年3月5日放映の情報番組「とくダネ！」（フジテレビ系）で解説した。番組制作チームがインターネットでアンケートをとったところ、全回答者285人（男性160人、女性125人）のうち、男性の47・5％、女性の51・2％が、トヨタの元のTweetを「あり」だと回答している。

自由記入欄を見ると「自分はクルマの運転が苦手だから、この質問に違和感を感じない」という女性からの意見や、実際に運転が下手な女性によって何らかの迷惑を被った男性からの体験談が寄せられた。一方、このTweetを「なし」とした人からは『『やっぱり』が余計。先入観ありの質問でアンケートとして不適切」という意見が寄せられた。

トヨタはどこを間違っていたのか。それを理解するには、「統計的差別」というキーワードが役に立つ。

どんな集団にも一定の傾向がある。例えば女性の方が男性より結婚や妊娠出産で仕事を辞める人が多い。だから集団として見た場合、女性の方が離職率は高くなる。

しかし、個人を見る時は事情が違う。同じ女性といってもAさんは出産せずに働き続けたいと思っており、Bさんは結婚したら仕事を辞めたいと思っており、Cさんは出産したら仕事を減らしたいが辞めたくないと思っている、といった具合に、個人の希望はそれぞれだ。

そして、ある1人の女性を採用する際、企業側には目の前にいる人がずっと働くつもりなのか、そうでないのか、区別がつかない。個人の考えをよく聞いて見極めるのが良いが、それはコストがかかる。また、面接の時は「仕事を続けたい」と本心で思っていても、後に結婚や出産をすると考えが変わるかもしれない。そこで、個人について判断する際、その人が属する集団の傾向を自動的に当てはめてしまうことがよく起きる。これが統計的差別である。

現在では、採用におけるこのような判断は「差別」と認識され社会的に認められない。

トヨタのTweetは、集団として「運転が苦手」と考える女性の傾向を、質問相手の女性個人にも当てはめてしまった点で、統計的差別にあたる。世界中でビジネスを展開する企業としては、避けるべきだろう。

私自身は車の運転が苦手で、ペーパードライバーのまま、ゴールド免許を更新し続けて20年以上経つ。旅行の時などクルマがあったら便利だな、と思うこともあるし、小学生の娘からも、しょっちゅう「ママが運転できたらよかったな」と言われる。

これは私個人の特性なので仕方ない。ただし、子どもには母親の不得意を女性全般に当てはめて考えてほしくない。運転が得意な女性もたくさんいるからだ。そのため、運転の話になると、必ず娘の友達で運転が得意な母親について言及するようにしている。「〇〇ちゃんのお母さんは、広島から東京まで運転してきたんだって」「××さんは、こどもの国まで運転していくんだって。電車だと1時間半かかるけれど、車だと1時間だって」といったように、身近な例を話せば、子どもにも理解できるし、統計的差別を避けることはできる。

Case2 サントリー「頂」
――性的な表現とチャネル

次に取り上げるのは、性的な表現が問題になったCMだ。2017年夏にサントリーが公開した新製品アルコール飲料「頂《いただき》」の宣伝を目的に製作されたものである。国内各地に出張する男性会社員の視点から描かれており、カメラは彼が見たものを映し出す。

舞台は各都市の居酒屋である。1人で食事を始めようとした男性会社員のそばに、地元の女性が近づいてくる。ある女性は「出張？」と尋ね、別の女性は彼の勤務先を「エリート企業」と褒めてくれる。食事の世話をしてくれながら、自分も食べる女性は大きな口を開けて食事をしたり、食べ物の感触を話してみせたりする。

女性たちの服装や所作はAVを連想させる演出になっており、CMの最後に表れる「絶頂！　うまい出張」というタイトルは、製品名の「頂」と性的興奮を結びつける想像を誘う。

この動画は、批判があつまった末にインターネット上からは削除された。自治体や大学で、ジェンダー炎上CMについて講演する際にこの動画を見せると、多くの人はAVのような内容を一般公開することに対する違和感や不快感をあらわす。ある大学で見せたところ「男性は、こういうのを喜ぶんでしょ、という決めつけが不快」という男子学生からの声も寄せられた。

インターネットやテレビなど、誰でも見られる形で公開するには適さない映像という意見が多数派だが、個別に意見を聞いてみると「男の夢を描いている」とか「リア充ではない僕から見るとうらやましい世界」と肯定的な見方もあった。視聴者層を限定していれば、ここまでの炎上には至らなかったかもしれない。

このケースについて、東洋経済オンラインに批判的な記事を書いたところ[*1]、サントリー現役社員から連絡が入った。自身が「頂」動画に違和感を覚えていること、炎上した後に社内で議論されていないことを問題視していた。

サントリーは知名度も就職人気も高い企業だ。影響力の大きさを踏まえると、このような動画が作られた経緯を調べると共に、それが企業文化にそぐわないと判断するなら、経営者から従業員に明示的なメッセージが送られる方が良い。

炎上事例においては消費者の反応以外にも課題がある。それは従業員に対する心理的影響だ。雇用主が収賄や製品の安全性の問題など、社会から批判されるような行為をして、それが大きく報じられた場合、真面目に働いている社員のモチベーションが削がれるという別な側面からの影響もある。社員も市民として勤務先の対応に納得がいかないと、会社に対する信頼は薄れてしまうのである。

次に日本企業のCM炎上でよくある二つの問題を取り上げる。いずれも性別役割分業に関する事例である。

Case3 ユニバーサルホームの「ちょっと待ってね」篇
――家庭における性別役割分業とその追認

2018年9月頃、SNSで批判が集まり炎上したのがユニバーサルホームのCM「ちょっと待ってね」篇だ。描かれるのは家の中、母と子のやり取りである。まず、洗濯など家事をする母親の姿が描かれる。幼児の娘が「ママ遊ぼ」と話しかけるが、忙しい母親は「ちょっと待ってね」を繰り返す。父親はその様子を座って見ている。場面が一転して新しい家に引っ越しすると、家電などが助けになり母親は家事を効率よくこなせるようになる。その結果、子どもと遊ぶゆとりが生まれる。そして、父親が「『ちょっと待って』って言わなくなったね」とコメントしてCMは終了する。*2

CMの目的は、製品やサービスの効力を消費者に伝えることだ。このCMでは、住まいを変えることで家事を効率良く進められるようになり、親子の時間が増えることを伝えようとしている。よく見かけるCMの構成だ。

ただし、動画に登場する父親の態度には違和感を覚える。彼が家事を一切しないことに加えて、家事で忙しい母親に代わって子どもと遊ぼうとすらしないからだ。家庭内で父親は傍観者であって、家事育児の責任は母親だけが担っているように見えるのである。父親の他人事のようなセリフは、それに拍車をかける。

私がこのCMを知ったのは、Facebookで1人の父親が怒っているのを目にしたためだ。この父親は家事も育児もやっており、彼の目にはCMで描かれる男性があまりに無責任に見えたようだ。動画を見た私も同じように感じた。

わが家は共働きで家事育児は夫婦で分担している。片方が食事を作っている時、片方は洗濯ものをたたみ掃除をして、それを子どもにも手伝わせる。子どもが小さかった時は、片方が家事をしてもう片方が子どもと遊んでいた。だからこのCMが描く家庭は、昔話のように見えた。

男性は外で働き、女性は家事育児に専念する、という性別役割分業は、当事者がそれを望むなら良いとも考えられる。それでも、妻が明らかに大変な状況にある時、そばにいて暇そうな夫が「手伝い」さえしないのは、現代の常識に照らすと不自然に映る。

ここには、夫が①家事育児をしないこと、②目の前の妻の負担を減らそうとしないこと、

③CMが①②を容認しているように映ること、という三つの問題がある。ちなみに、最近では父親が家事育児を「分担」することを求める人が増えており「手伝う」という言葉には当事者意識のなさが表れていると批判されることがある。時代背景を鑑みると、このCMで描かれる父親像はあまりに古いと言えるだろう。

Case4 駅ビル・ルミネの動画
——職場における性別役割分業とその追認

職場における性別役割分業の強調や容認も炎上につながる。典型例は2015年3月頃にYouTubeで公開された駅ビル・ルミネの動画だ。

主人公は20代くらいの働く女性。ボーダーのTシャツにチノパンツをはき、黒い髪を後ろで一つにまとめている。描かれるのは彼女の通勤風景だ。勤め先のビル前で上司に会う。続いて、このようなやりとりが描かれる。

上司「おはよう」
主人公「おはようございます」

上司「何か顔、疲れてんなあ。残業？」
主人公「いや、普通に寝ましたけど」
上司「寝てそれ？」

ビルに入った2人の前に、後輩とおぼしき女性が姿をあらわし、挨拶をかわす。

後輩「おはようございます」
上司「おう、髪切った？」
後輩「ああ、これ、巻いただけですって」

後輩は逆方向に歩いていく。

上司「巻いただけですって」と口真似をした後「やっぱかわいいなあ、あの子」
主人公「そうですね、いい子ですね」
上司「大丈夫だよ、●●（主人公の名）とは需要が違うんだから」

ここで場面が変わり、主人公と「需要」の大きな文字。可愛い後輩は職場の華として扱われているが、主人公は「単なる仕事仲間」である、という解説が記される。自分も後輩のように綺麗にならなきゃ、という主人公の決意を描いてCMは終わる。

描き出されるのは、女性が職場の華扱いされている現状と、それを肯定的にみる価値観であり、上司のハラスメント発言を容認するようなストーリー展開である。主人公は男性と同等に働いているが、後輩のように女性らしくあらねば、というプレッシャーも感じている。

この動画はTwitterなどで批判が集まり、ルミネは謝罪と共に動画を取り下げている。なお、この動画を都内の女子大でメディアやジェンダーについて学ぶ学生たちに見せたところ「平成の時代にありえない」「お客さんを敵に回している」という意見が相次いだ。遅れたジェンダー感覚のまま、企画や発信をしてしまうと、ビジネスにも悪影響が出そうだ。

小学生男子もルミネCMには違和感

原稿を書くため、この動画を見ていたら小学5年生の息子が「何してるの？」とやってきたので見せてみると、上司役の男性を指して「こいつ、むかつくー！」「嫌な奴」と繰り返し文句を言っていた。上司の言動が失礼であることは、小学生にも分かるようだ。

ちなみに息子は私以上にＣＭのジェンダーチェックに厳しい。彼によれば、多くのＣＭは「男が偉そうに女に何か説明することが多い。それに、女がくねくねしすぎ」という。あらためて見ていると、確かに男性が年上で女性が年下という組み合わせのＣＭが多い。男性の容姿は多様だが、女性はほぼ例外なく若く細く美しくきちんとお化粧してお洒落な服を着ている。同じ構図はＣＭに限らず、テレビ番組全般に当てはまる。

息子の感覚が10代男子に共通なのかどうかは分からないが、この世代は学校で家庭科を男女一緒に受けており、地域によるが先生からは性別を問わず「さん」で呼ばれている。息子の学校では第二次性徴について保健の先生が教えてくれた時、同時に「男だから何色、女だから何色と決めつけてはいけません」ということも習ったそうだ。

身近でこういう話を聞いていると、自分が育った昭和の時代と比べて若い人たちのジェンダー観の変化を感じる。変化は日常生活の中で体感するものだから、作り手が働き方を見直し、家庭や地域で過ごす時間が増えることで長い目で見れば炎上の原因となるような、偏ったジェンダー観を変えることができると思う。

問題の共通点は「決めつけ」と「現状追認」

ここまで見てきた四つのジェンダー炎上事例に共通しているのは「決めつけ」と「現状追認」である。

「決めつけ」については、トヨタ自動車Twitterの「女性は運転が苦手」、サントリー「頂」CMに見られる女性は男性を性的に喜ばせるためにいるといったメッセージが当てはまる。

また、ジェンダー規範に基づく「決めつけ」で大変な思いをしている人について、それを当然視するような表現により「現状追認」してしまうCMや広告も炎上しやすい。ユニバーサルホーム「ちょっと待ってね」篇では家事は母親の仕事であるということを、ルミネ動画は働く女性が職場で受けるハラスメント発言を受け入れ、化粧やファッションに気を使うように、という暗黙のメッセージを伝える。

おそらくCMや動画の制作者は、決めつけをしているつもりはないだろう。ユニバーサルホームのケースであれば、企画書に記されるのは「家事が大変なお母さんを応援する住宅設計の宣伝」であろう。ルミネならば「仕事で忙しい女性が帰宅時に立ち寄って、今より美しくなれるような買い物機会を提供」といった趣旨で考えられたものだろう。

企画自体は消費者に良いものを提供しようと考えて作られているのに、どうして炎上してしまうのか。

ここには「家事が大変なのはお母さんだけなのか？」「父親は何もしなくていいのか？」また「働く女性が職場で仕事の成果以外に女性らしい振る舞いを求められるのはおかしいのではないか？」といった視点が欠けている。いずれも、性別役割分業に基づく暗黙バイアスを追認してしまったところに、問題がある。

視聴者や消費者の女性たちは、家庭や職場で「女性だから」求められる役割を感じている。それを喜んで受け入れている女性もいるが、息苦しさを感じている女性もいる。ジェンダー規範に生きづらさを感じている女性たちの気持ちや希望が見えていないところに、製作者と受け手のギャップがあると言える。

「女性が担当すれば炎上しない」は大きな間違い

ところで、ジェンダー炎上が起きた時「男性だけで物事を決めているから、おかしなCMが作られる」という批判をしばしば目にする。20年以上、企業取材をしている筆者から見ると、これは実態とは違う。働く女性は年々増えており、新卒入社の時点では男女半々という企業さえある。女性向けの製品やサービスの企画、マーケティングやPRには女性が関わることが多い。いくつかの炎上事例は、女性が責任者のチームで実施されたものもある。

企業の人事や総務系管理職が集まる会合で「頂」の動画を見てもらい、感想を尋ねたことがある。すると、女性管理職から「自分は問題だと思わない」という意見が出た。一方で彼女の上司にあたる男性管理職は「ちょっと、ありえません」と述べていた。女性だからジェンダーの問題に知見があるとか、敏感であるとは言い切れないのである。

私自身の経験からすると、男性が多い職場で男性と同等に働いている女性は、いわゆる「男性社会」に過剰適応してしまうことが問題の背景にあると思う。その結果、多くの女性が嫌がるが男性が喜びそうな企画をあえて女性が提案・追認してしまうことがある。

ここで、「男性社会」をかっこ書きにしたのは、性別が男性である人たちが皆、賛成しているわけではないからだ。いくつか関わった企業向けの助言業務の中には、女性がチームのリーダーでプロジェクトを進めており、男性がその方向性に違和感をおぼえ、炎上リスクがあると判断して私に相談がきたこともある。

多くの場合、ジェンダー炎上を未然に防いでいるのは企業内にいる個人のセンスだ。ある大手企業の管理職は、立場上、社内のさまざまな製品CMを目にする機会がある。「私がストップをかけて炎上しなかったものがいくつあるか分かりません。うるさい人と思われても、自分の仕事だから言います」という姿勢で仕事をしている。

一方、今あるものを良く変えるための試みは既に始まっている。特に消費財の製造販売を扱う企業は、消費者のライフスタイル変化に敏感だ。洗濯などの家事や育児を男性がやっているCMを目にする機会は増えた。最近では花王の洗濯用洗剤「アタック」で男性の洗濯風景が、大塚製薬のハンドクリーム「オロナイン」で父親と思しき人物が赤ちゃんを沐浴させている風景が描かれている。

属性ではなく中身のダイバーシティが重要

ジェンダー炎上を防ぐのは個人の意識やセンスだ。チームのメンバーを機械的に男女半々にすれば問題が解決するというわけではない。たとえ男女半々のチームであっても、生育環境や教育水準、価値観が似通っている人が集まっていたら、真の意味での多様性はないからだ。

多くの日本企業が進めている「ダイバーシティ・マネジメント」は、「女性を増やすこと」

に集中している。それは重要だが、あくまでも第一歩である。本当に必要なのは、同じように見える人々の中にある考え方、体験の違いだ。見える違いだけでなく、見えない違いこそ、多様性を生かす上では重要だ。

見えない違いを発信力や創造性に生かすことについて、意識的に取り組んでいるのがGoogleだ。筆者は2019年7月に同社東京オフィスで開かれた“Rare Exec”というイベントに参加した。イベントのタイトルに示されている通り、“Rare”（希少）であることを生かそう、という問題意識に基づいて企画された“Exec（utive：役員）”対象のイベントである。もともとオーストラリアで始まり、日本では初めて開かれた。基調講演、パネルディスカッション、参加者のワークショップで構成される1日がかりのプログラムである。

私がモデレートしたセッションでは、日米にルーツを持つ異文化コミュニケーションのコンサルティング会社社長、ロシア出身で日本の大手広告代理店に勤務し、数々の受賞歴がある方、Googleの総務部を統括しながらＨＩＶ陽性者として啓蒙活動に取り組む方のお話を聞いた。それぞれが自分の持つ「希少性」を生かした仕事の体験を話してくれた。

印象的だったのは、参加者が「自分らしくいられなかった瞬間」について語り合うセッションだ。属性だけ見ると「リーダー層」とくくられそうな人々も、個人の体験はそれぞれ異なる。意思決定に関わる人自身が「少数者体験」を意識し言語化し、そして共有することで、

Rareであることの価値を自分のこととして考えられる。性別や年齢、人種などの属性を超えた多様性と創造性の結びつきに対する信念を感じた。

カンヌ広告祭と英ASAに学ぶ

個人が持つ希少な部分を生かす、という発想は海外の広告クリエイティブでは既に多くの成果につながっている。毎年フランスで開かれているカンヌ広告祭は、2015年に新しい賞を創設し、ダイバーシティやジェンダーに関する優良なクリエイティブを表彰している。

これまでに受賞したのは、働く女性が両親から受ける結婚のプレッシャーをなくし自分らしく生きられることを応援する化粧品の広告（中国）、女性に家事負担が偏りがちな社会構造を踏まえ男性に家事、具体的には洗濯をするよう呼び掛ける洗剤の広告（インド）、男らしさが求められるスポーツ競技で同性愛であることをカミングアウトした選手をチームメンバーが受け入れる様子を描くビールのＣＭ（英国）、女性に対する暴力の撲滅を訴えるビールのＣＭ（メキシコ）といった具合だ。

受賞ＣＭの傾向を見ると、人を生きづらくさせる、人権侵害的な規範は変えていこうという主張を製品のＰＲとミックスさせたものが目立つ。

カンヌ広告祭が好事例の評価、発信を担っているとしたら、イギリスの広告標準局（ASA）の取り組みは、炎上につながる事例を減らす役割を担っている。2019年6月、英国ではジェンダーステレオタイプを助長するような広告は禁止となった。*3

規制導入の背景には、ジェンダー格差の存在に広告業界も一定の責任がある、という認識がある。ASAは規制導入に先駆けて、関係者から意見聴取を行った。表現規制にあたる取り組みには慎重さが求められるからである。

日本企業でマーケティングや広告、PRに関わる人たちも、こうした海外動向と無縁ではいられない。リスクマネジメントとしてのジェンダー炎上対策を超えて、グローバルに通用する発信を考えていく必要性は増す一方である。

見る側は何ができるのか

最後に、ジェンダー炎上CMを見る側ができることについて考えたい。本書を手に取った方の多くが、ケースで取り上げたジェンダー炎上CMや広告を目にしたことがあるだろう。SNSでCMに対する批判を投稿したことがある人もいるかもしれない。

まずはＣＭや広告について自分の考えを持つことが大切だ。好きか嫌いか、その理由はなぜか、考えたら、次のステップとして周囲の人と意見交換してみることをお勧めする。特に自分とは違う考えに触れてみることが重要だ。人の意見に合わせて自分の意見を変える必要はない。ただし、違う見方に触れた時、自分の意見はどのくらい説得力があるか、再度考えてみることは面白い作業になるはずだ。

私はジェンダー炎上に関する講演やワークショップをする機会がよくある。その時は事例で使う動画や広告を参加者に見てもらった後「どう思いますか？」と尋ねることにしている。まずは参加者の本音を話してもらう。

ある自治体主催のシンポジウムでサントリー「頂」の動画を見てもらった時のことである。20～70代まで150人ほど集まっており、ほぼ全員が「これはダメ」という反応だったが、1人だけ「好き」という人がいた。理由を尋ねると「これは、とても自然な様子を表していると思います」という。この人にとっては「頂」ＣＭで描写されたような男女関係が「自然」だったのである。

「頂」はさすがにありえないよね——というのが、登壇者の認識だったから、この発言に驚き、皆が黙ってしまった。

経験的に言って「このＣＭはダメ」と思う人が「これは良い」と思う人に向けて一方的に

お説教をすると、理解はほぼ無理で溝が深まる。理解者を増やしたいと本気で考えるなら、自分の意見を押し付けるのではなく、相手の意見も最後まで聞くことが必要になる。

このシンポジウムは参加者の声を聞きながら進めていき、正解を決めることはしなかった。パネリストたちは働き方やライフスタイルの多様性という観点から自分が良いと思うCMをいくつか紹介していった。何が「自然」に見えるか人によって違うことを、知ってもらう機会になったらいいいと思う。

「表現の自由」と対話の大切さ

CMのジェンダー炎上が起き、賛否両論をSNSで見るようになると、よく目にするのが「表現の自由」という言葉だ。「このCMはおかしいのではないか」とTwitterに書き込んだ後で「表現の自由だからいいんだ」といったような反論を見て、考え込んだことはないだろうか。

民主主義社会では、個人の意見表明は尊重される。CMや広告を見て気分を害したり、批判をしたくなったりしたら、それを書いたり話したり、インターネット上に書き込むのは、まさに表現の自由である。これは日本国憲法でも保障された権利だ。

そして、表現の自由でいちばん重要なことは、自分の意見が尊重されるのと同様に、自分と異なる意見も尊重されるところにある。同じCMを見て「これは嫌い」と思う人、「これは好き」と思う人の両方が意見表明の権利を持っている。だから「これはおかしいのではないか」という意見を書き込むことは、あなたの自由だ。

残念なのは、自分と意見が違う人の存在を認めず、考えの違う人同士が罵倒し合ったり、話がかみ合わなかったりする場面が多いことだ。特にジェンダー炎上事例で意見表明する人が多いTwitterにおいては、その傾向が強い。

できるなら「あなたの意見には賛成しませんが、あなたがそれを好き/嫌いと思う気持ちは尊重します」という関係を多くの人と築きたい。そのためには、SNSだけでなく対面で人と話をすることが必要だ。家庭内で意見交換をしたことで「ルミネの動画のどこが悪いか分からない」と言っていた父親が「ジェンダーの問題」に気づいた、という例も聞いている。ここでは、信頼関係のある父と娘が話し合ったことが理解につながったという。

なぜ、それが良いと思うのか。なぜ、それは良くないと思うのか。SNSで簡単に情報収集し抗議できる時代だからこそ、直接顔を合わせて話す場の重要性も高まっている。最近のジェンダー炎上ケースについて、ぜひ、学校や職場、友達、家族などと話をしてみてほしい。身近な人、信頼できる人の意見は、たとえ自分とは違っていても「聞いてみよう」という気持ちになりやすい。SNSの短いやり取りではむずかしい、直接対話を本章で取り上げたケースなどを使って試みてみてはどうだろうか。

【注】

＊1　東洋経済オンライン「サントリー『頂』「セクハラ動画炎上」は防げたか」(https://toyokeizai.net/articles/-/179993)。

＊2　ORICON NEWS（2018年8月30日公開）でCM動画と製作中の映像を見ることができる(https://www.youtube.com/watch?v=eBtsuNCGyCg)。

＊3　イギリス広告標準局のウェブサイト(https://www.asa.org.uk/news/ban-on-harmful-gender-stereotypes-in-ads-comes-into-force.html)。

いずれも2019年8月29日閲覧。

06

ネットミソジニー

——行き場のない憎しみが女性たちに向かっている

竹下郁子　浜田敬子

浜田敬子　はまだ・けいこ

1989年に朝日新聞社に入社。前橋支局、仙台支局、『週刊朝日』編集部を経て、99年から『アエラ』編集部。記者として女性の生き方や働く職場の問題、また国際ニュースなどを中心に取材。2004年からは『アエラ』副編集長に、その後、初の女性編集長に就任。2017年よりオンライン経済メディア『Business Insider Japan』の日本版統括編集長に就任。著書に『働く女子と罪悪感』(集英社)がある。

竹下郁子　たけした・いくこ

Busienss Insider Japan 記者。テレビディレクター、アエラ記者を経て現職。雇用・格差・女性・教育・ライフスタイルなどをテーマに幅広く取材。Business Insider Japan では就活セクハラの問題を掘り起こし、社会に広く伝えている。

オンラインハラスメントは女性に向けられる

近年、女性をターゲットにしたネット上の攻撃は、「オンラインハラスメント」や「オンラインバイオレンス」と呼ばれ、世界的な問題になっている。

国連人権理事会の報告によると、女性の中でも特に政治家、人権活動家、ジャーナリスト、ブロガーなどの職業が、また人種的・民族的マイノリティ、そして若い女性などがターゲットになりやすい。被害を受けた女性たちは恐怖から投稿数を減らしたり、アカウントを一時的に停止したり削除したりするなど、「自己検閲」につながっていると指摘されている（2018年・国連人権理事会「女性と少女に対するオンラインバイオレンス」報告書）。

日本でもセキュリティソフト「ノートン」で知られるシマンテックが、16歳以上の日本人女性504人を対象にオンラインハラスメントの実態を調査したところ、46%と約半数が何らかの被害にあっていた。最も多いのは「悪意のあるゴシップやうわさ話」（46%）、次いで「誹謗中傷」（34%）。そして約3人に1人（32%）がネット上での「セクハラ」を受けていた（2017年）。

その結果、うつや不安神経症を発症した人は15％で、そのうち48％が専門家による精神医療を受けており、実生活へも深刻な影響があることが分かっている。

私たち（浜田、竹下）が所属するオンライン経済メディア『Business Insider Japan（ビジネス・インサイダー・ジャパン）』では早くから女性たちに対するオンラインハラスメントの問題を取り上げてきた。元ＴＢＳワシントン支局長による性暴力を告発した伊藤詩織さんや、性被害に遭った女子中高生たちを支援する団体を主宰する仁藤夢乃さんたちへの執拗なネット上、主にTwitter上での攻撃や嫌がらせは日常生活の支障となり、精神的にも大きな苦痛を与えていた。

それは記者や編集者である私たち自身に向けられることも往々にしてある。

30年間、日本は変わらないのか

私（浜田）は１９８９年に朝日新聞社に入社した。いわゆる男女雇用機会均等法世代と呼ばれる。28年に及ぶ朝日新聞社生活のうち17年間を『アエラ』という週刊誌で過ごした。『アエラ』では米同時多発テロやイラク戦争などを現地で取材したりもしたが、主な取材のテーマは職場の問題、組織と個人の関係性、そして女性たちの生き方・働き方だった。ちょうど2000年代に入り、企業が子育てや家庭生活と仕事との両立支援制度を整え始めた頃だった。結婚・子育てで会社を「辞めざるを得なかった」私たちの世代よりも、働き続けられる土壌は整いつつあった。

両立支援制度が整ったからといって、働く女性の環境が全面的にバラ色になるわけではない。いろいろ問題は多いものの安倍政権の「女性輝け」政策、そして女性活躍推進法も後押しし、30年前に比べれば女性の働く環境は少しずつ改善されている、そう確信していた。

だからこそ、2018年4月に起きた財務省事務次官によるテレビ朝日女性記者に対するセクハラ事件には愕然とした。これほどの公的な、それも事務次官という官僚のトップがあからさまなハラスメントをするとは。私は企業の取材をする機会が多いが、企業内のハラスメントが厳しく処分されるケースも見てきたし、経営層や管理職などそれなりのポジションの男性の、本音はともかく、表立っての女性に対する差別的な言動を聞くことは随分減ったし、日本にもやっと最低限のポリコレ（ポリティカルコレクトネス）が根付きつつあると思っていた。

私自身、2004年に『アエラ』副編集長となって以降、編集長代理、編集長と管理職に就いていたからだろうか。もちろんそれなりに「女性として」悔しい思いはあったが、20代ときのようにぞんざいに扱われる機会がほとんどなくなっていたことも、目を曇らせていた。

この財務省のケースが特異なものかと思っていたが、周囲の20代30代の女性記者たちに聞けば、必ず一つや二つ同様の経験をしている。それも最近まで。30年間、私が「変わった」「改善してきた」と思っていたものは何だったのか……。自身の表層的な理解を恥じた。


その後、私（浜田）は2017年4月にBusiness Insider Japanに転職した。それまで紙メディアを中心に仕事をしていた私の〝主戦場〟はネットに移った。

一緒に仕事をしている記者たちも20代30代が中心だ。若い世代はTwitterを駆使してネタもとるし、自身の記事も発信する。その1人が今回一緒に執筆している竹下郁子だ。彼女の取材するネット上の空間には、リアルな社会では隠されていた憎悪や欲望がむき出しになっていた。その矛先の多くは女性たちに向けられたものだ。むしろリアルな社会では正しさや理性を厳しく求められる時代になったからこそ、行き場のない憎しみがネット上にふき出し、女性たち、特に声を上げるに向かっているようだった。

頻発する品物の送りつけ被害

２０１９年２月。ネット上の嫌がらせから注文していない品物の送りつけ被害にあったという女性政治家や女性弁護士たちが記者会見を開いた。会見に参加した７人に共通していたのは、発言者が女性であったこと。そして性差別や性被害、ジェンダーにまつわる発言がきっかけだったのではないか、ということだ。

例えば、弁護士の太田啓子さんはその会見でこう発言している。

「品物の送りつけ被害に遭ったのは、性差別や性暴力について発言したり、メディアに出たりするようになった頃から。憲法について考える『憲法カフェ』などの取り組みをやっていた時にはこうした被害はありませんでした。

Twitterでも改憲や政権批判をするより、ジェンダーについて投稿するほうが多くのバッシングがきます。女性が性差別について物を言うと、やっぱり嫌な思いをするんだろうなと」

これは私（浜田）自身も経験がある。

これまで執拗にTwitterで絡まれたときは、財務省元事務次官のセクハラやフォトジャーナリストの広河隆一氏の性暴力について言及したときだった。特に広河氏の際には、彼が「リベラル」を標榜していただけにタチが悪い、政治的にはリベラルでもジェンダーの問題に関しては「別」と思っている男性は多い、という趣旨のことを書いたところ、それこそ「右」からも「左」からも攻撃された。私自身、そういう言動が始まった途端、Twitterを全く見ないようにしてやり過ごすが、知人たちからは「大丈夫か」と心配されたから、よほどひどいことも書いてあったのだろう。私が朝日新聞にいたことから「アカヒ」と言われていると教えてくれた人もいた。

ネット上のハラスメントや攻撃にはいくつかのパターンや共通点がある。そしてこうした問題が放置される原因や救済措置へのハードルが非常に高い現実が、取材や自分たちの経験を通じて見えてきた。深刻なのは、一度ネット上でのハラスメント、暴力の対象になってしまえば、それから逃れる術《すべ》が非常に限られており、精神的にも日常生活も大きなダメージを受けてしまうということだ。

具体的な被害の実態はどこまで深刻なのか。いくつかのケースから見てみよう。

Case1　女性政治家

北九州市議の村上さとこさんは、2018年4月に元文部科学事務次官・前川喜平さんらの講演会で司会を務めたのをきっかけに、Twitterで「中核派」だというデマを流され、漫画『ゴルゴ13』の主人公がピストルを構えた画像とともに「さとさと、消したほうがいい」と脅迫されるなど、攻撃を受け続けてきた。

被害はネットに止まらず、抗議の電話が事務所や北九州市議会事務局にかかるようになり、「チョン女死ね、お前とお前の家族をのろってやる」と赤字で書かれたハガキ、死を願うような言葉と合わせて香典袋が入った封書も届いた。封筒には海軍旗の画像と安倍晋三首相の写真が貼られ、「アベノミクスナンバー1」と書かれていたという。

さらに悪質だったのは、注文していないブラジャーや健康食品などが何度も事務所に着払いで送りつけられたことだ。

村上さんは2018年6月に「さとさと、消したほうがいい」というTweetなどを「脅迫」、下着などの送りつけを「偽計業務妨害」の疑いで刑事告訴した。

送りつけに関しては、前出の弁護士の太田啓子さんらと会見を開いて以降、被害にはあっていないという。ＳＮＳでの攻撃も当時のような大規模のものはなく、落ち着いてきたそうだ。

しかし、刑事告訴後の進展はないという。

「消したほうがいい」とTweetしたのは匿名アカウントだ。投稿者を特定するためには、Twitter社に発信者情報を開示請求する必要がある。弁護士などが裁判所を通じて行うケースが多いが、村上さんのように刑事告訴した場合は、警察がその後の捜査を担当する。村上さんは言う。

「警察に尋ねても捜査の進展については教えてもらえません。情報開示請求の手続きはしたと聞きましたが。ＳＮＳ上の被害は軽く見られているのではないかと思ってしまいます」（村上さん）

ＳＮＳでの脅迫も商品の送りつけも誰によるものなのか分からないまま、村上さんは新たな恐怖にさらされている。

２０１９年3月、村上さんの自宅ポストに一通の手紙が投函された。事務所の住所が書かれ、「もうそこには住んでいないんですか」と、行動を監視していることを伝えるような言葉が記されていたという。

村上さんはネットでの攻撃や商品の送りつけ被害を受け、安全を確保するために自宅から別の場所に身を隠したばかりだった。その住所は事務所のスタッフにも伝えていない。警察に被害届けを出して防犯カメラを確認したところ、男性が手紙を投函する様子が映っていたそうだが、まだ投函者は見つかっていないという。

「手紙を見た瞬間、凍りつきました。Twitterから始まった嫌がらせは、鳴り止まない電話、商品の送りつけ、そして自宅の監視にまで悪化しました。SNSを発端に行動を起こす人は、私たちの想像をはるかに超える執拗さだと知って欲しいです。

例えばデマ情報を削除するなど、ネットでの人権侵害に対処する法律を整備できるのは国会ですが、肝心の議員はネットで被害にあったことがないような高齢の男性が多く、政治課題として認識されていないのです」(村上さん)

Case 2 弁護士

国際人権NGO「ヒューマンライツ・ナウ」事務局長で、性暴力やAV出演強要問題などに積極的に取り組んできた弁護士の伊藤和子さんは、自身もたびたびSNSで攻撃されてきた。女性の権利について投稿すると、非常に強い抵抗があるという。

「児童ポルノやAV強要問題などは特にそうですね。男性がこれまで楽しんできた文化を取り上げようとしているように見えるんでしょう。反応をみると、女性を性的に消費したり、差別や暴力の対象にしてきたりしたことに対する内省がないと感じます。激しいバッシングにあうことでSNSの投稿を控えるようになる女性も多く、とても悔しいです」(伊藤さん)

伊藤さんは2017年に経済評論家の池田信夫氏にTwitterやブログでデマを流されたとして、名誉毀損で提訴。東京高裁は池田氏に計114万円の損害賠償の支払いを命じた。

「訴訟する前はネット上での名誉毀損を争う裁判は『どうせ負ける』『負けたときのダメージが大きい』という世間のイメージが強く、周囲にも心配されました。

でもこうして勝ちましたし、勝訴後はネットでの攻撃はトーンダウンしたので、抑止力にもなるんだと思います。同じような悩みを抱えた女性がいたら、裁判を勧めたいです」(伊藤さん)

しかし、相手が匿名の場合はハードルが高い。伊藤さんは2018年に繰り返しデマを流し誹謗中傷していた匿名のTwitterアカウントに対し、発信者情報開示請求の仮処分申請を裁判所に申し立てた。仮処分が認められた場合は、ＩＰアドレスというコンピュータに割り当てられた識別番号が開示され、それを元に日本のプロバイダに名前や住所を開示するよう訴えるのだ。

とはいえ、結局、ＩＰアドレスは分かったもののその先に進めず、個人は特定できなかったという。

Case3　社会活動家

同じようにTwitterでデマを流された仁藤夢乃さんも、匿名のアカウントによって大きな被害を被った1人だ。

最初は元同級生と名乗る匿名のアカウントがきっかけだった。学生時代に仁藤さんにいじめられたという内容のTweetを執拗に繰り返し、それに呼応して仁藤さんを責めるTweetが溢れた。それらのつぶやきは約80ものまとめサイトに掲載されたほか、ウェブメディアの記事やYouTubeの動画としてアップされた。

「明らかなデマです。#MeTooのハッシュタグをつけて拡散され、『匿名の告発を推進してきたくせに』などと揶揄されたのもショックでした」

仁藤さんには身に覚えのないことだったが、攻撃はSNSにとどまらなかった。

仁藤さんが代表を務める、暴力や性被害にあった女子中高生をサポートする一般社団法人「Colabo（コラボ）」の問い合わせフォームには、「いじめの説明責任をとれ」「そんな奴が社会活動するな」という意見が大量に届き、仁藤さんの講演会の主催者やColaboに助成金を出している団体には、妨害の電話がかかってきた。

同様の嫌がらせは、Colaboの活動を始めた当初から続いてきたという。女子高生に性的サービスをさせる「JKビジネス」の問題を訴えれば、「売春するのは朝鮮人だけだ」「日本を辱めるために嘘をついている」「お前も在日だ」。児童ポルノに反対すれば、「男性差別主義者だ」「自分はホスト通いして男を買っているくせに」。そんな脅迫や差別、根拠のない誹謗中傷が大量にTwitterや団体のHPに寄せられた。

特にひどかったのは、2016年に性売買の当事者になった女子中高生の声を伝える「私たちは『買われた』展」を企画したときだ。1日で300件の誹謗中傷が届き、殺害予告やレイプ予告も複数あった。

仁藤さんは少女たちの貧困や性被害の実態を伝えようと数多くの講演を行っているが、今は1人では会場に行けない状況だという。

Case4　一般人の女性たちも

2019年、女性たちが声を上げ大きなムーブメントになった、職場でのヒールやパンプスの義務づけに異議を唱える「#KuToo」、そして性暴力への抗議と性犯罪の実態に即した刑法改正を求める「フラワーデモ」もSNS上で大きなバッシングを受けた。

「#KuToo」の署名を立ち上げた石川優実《ゆみ》さんに押し寄せたのは、過去にグラビアやヌード撮影をしていたことを理由にした誹謗中傷のツイートだ。

「思ってた以上に脱いでてわろたｗ　いや、あんた女売り物にしててそれが出来なくなったら女性差別とか騒ぐんかい」

「おっぱい丸出しで仕事しながらパンプスを指して性差別ってのが意味分かんない」

「散々裸写真など性で稼いでおいて、稼げなくなったら性差別を叫ぶ」

こうした投稿には当時の写真が添えられていることも多い。石川さんはこれらを「スラット・シェイミング」だと批判する。スラットは「尻軽女」などと訳されることが多く、スラット・シェイミングとは、いわゆる〝性的に奔放な〟女性を非難することだ。石川さんのようなグラビアやヌードの仕事をする女性やセックスワーカーへの蔑視、性被害にあった女性を露出度の高い服装だったからだと批判することなどを言う。

「グラビアやヌードの仕事をしている女性には人権がないと思っているんでしょうね。私が好きでしたセックスや望んで撮影した裸、好きで履いているパンプスと、レイプや無理やりの撮影、職場で強制されて履くパンプスの違いが分からない、いや分かろうとしない人がたくさんいるんだなと。だから自己責任論や被害者バッシングが起きる。裸も靴もただの〝モノ〟として見ていて、そこに人の意思があることすら想像していない。私への中傷は『これまでモノだと思っていたのに、急に意思を持つなんて許せない』ということだと思います」(石川さん)

こうした中傷とは別に職場を特定しようとする動きも起き、石川さんは退職に追い込まれた。

この他にも、ジャーナリストの伊藤詩織さんはレイプ被害を実名で告発した直後からオンラインで激しいバッシングを受けたという。「ＳＮＳやメールなどで中傷や、『死ね』などといった脅迫を受け」「恐怖で外出すらできなく」なり、イギリスへ移り住むことになったと述べている。(プレジデントオンライン2018年5月30日「セクハラ被害は雑誌に訴えるしかない現実」)

ある在日コリアン3世の女性は、Twitterで大量のヘイトスピーチを受け、外では子どもと「他人のふり」をしなければならないほどにまで追い込まれ、不眠や難聴などを発症し、病院でストレス起因と診断された。2018年5月、投稿者の1人は脅迫の容疑で書類送検されたが、女性とその家族の奪われた日常が戻るわけではない。

オンライン上のバッシングに共通するのは、声を上げる女性たちに対する暴力的な攻撃ということだ。長い時間をかけて少しずつ女性たちは自ら権利を獲得してきたが、その動きに対する反動、バックラッシュが顔の見えないオンラインという場で起きている。女性たちが声を上げる内容は女性、子どもに関するものが多い。

電車で「子育て応援車両」を導入する活動をしている平本沙織さんも、その1人だ。平本さんは公共交通機関での子どもの安全な移動を求める団体「子どもの安全な移動を考えるパートナーズ」の発起人。自身が電車を使って子どもを保育園に連れて行く際に、電車で受けた冷たい反応を変えたいと団体を立ち上げた。

しかし、団体の活動を始めた当初から、ネット上で平本さんに対する誹謗中傷が相次いだ、という。

「満員電車にベビーカーで乗るなんて非常識だ」
「子どもを危険にさらしている」
「電車に乗らず保育園に通える場所に引っ越せ」

この問題が根深いのは、この中には同じ親、という立場の人も少なくなかったことだ。平本さんと同じような体験した親たちから、「自分も我慢したのに」という反応があったそうだ。

オンラインハラスメントの対策はあるのか

オンライン上の嫌がらせ、暴力にあってしまったらどうすればいいのだろうか。私たちはこうした悪意に個人としてどう対応すればいいのだろうか。

攻撃は主に匿名でアカウントが持てるTwitter上で行われることが多い。しかもRT（リツイート）と言われる機能によって、無責任で暴力的な誹謗中傷は無限に拡散していく。

前出の仁藤さんはTwitter社に報告して攻撃してきたアカウントを凍結してもらったこともあったが、執拗に攻撃する人は複数いて、〝いたちごっこ〟のような状況が続いている。

さらに問われるべきはTwitterなどプラットフォームの責任だ。

仁藤さんはTwitter社に対して同級生を名乗っていた匿名アカウントの発信者情報開示請求を行ったが、Twitter社は「情報を一切保有していないことが判明した」「したがって、本件申立ては直ちに却下されるべきである」と回答。仁藤さんの弁護士らがIPアドレスの保存期間や情報を保有していない理由について尋ねたが、明らかにしていないという。東京地裁での弁論期日もTwitter社側は欠席し、請求は却下された。

特にオンラインハラスメントの被害が多いTwitterでは、Tweetの削除や、仁藤さんのように被害を受けたアカウントの発信者情報を開示する仮処分申請を裁判所に申し立てることができる。

だが前にも書いたように、仮処分が認められても、開示されるのはIPアドレスだけ。個人の特定には日本のプロバイダに対して開示を求めなくてはならない。通常、IPアドレスの保存期間は3〜6カ月と言われる。その期間内に二つの裁判をする必要があるため、スピードが勝負となる。

さらなる高いハードルは、これらはすべてTwitterのアメリカ本社相手、だということだ。

アメリカから資格証明書（商業登記簿）を取り寄せ、書類を翻訳しなければならない。仁藤さんの代理人を務める神原元弁護士によると、資格証明書とその翻訳で約6万円、申し立て書の翻訳で5〜10万円、弁護士費用などを含めると、一つのアカウントを特定するために約50万円はかかるそうだ。

本人の作業としては、Tweetをスクリーンショットに撮り、URLを保存しなければならないが、自身への誹謗中傷を改めて見なければならないため、精神的な負担はかなりのものだ。

「今、東京地裁の保全係が扱う仮処分申請の大半はSNS関係の裁判だと言われています。それくらい被害は深刻ですが、一方で、泣き寝入りしない人も増えてきたということです。ただ、高額な費用や何度も裁判をしなくてはならないなど民事訴訟は被害者の負担が大き過ぎる。女性やマイノリティが狙われているのは明らか。悪質な投稿には罰金や懲役などの刑事罰を課し、警察が犯人を捜査できるよう法整備すべきです。ネット上のモニタリングや差別的な投稿を削除できる仕組みも整えていく必要があります」（神原さん）

すでにドイツにはSNSなどの運営企業に対して、ヘイトなどの違法な書き込みを放置した場合、最大5000万ユーロ（約67億5000万円）の罰金を科すことができる法律がある。

Twitter社によると、2016年に日本の法的機関などから1709件の情報開示請求があり、そのうち約62％は何らかの情報が開示されている（『透明性に関するレポート』より）。同社の『執行機関／捜査機関向けガイドライン』には、「請求された情報の範囲が広すぎる場合は絞り込んだり、捜査の内容が不明確な場合には背景の説明を求めたり、さまざまな理由で請求を差し戻すことがあります」と記されている。これ以外にどんな場合に請求を差し戻すか筆者（竹下）が問い合わせたところ、「個別の事案に関しては回答していません」（同社広報部）とのことだった。

仁藤さんの弁護士でもあり、オンライン上の被害にも詳しい神原弁護士はこう話す。

「仁藤さんの裁判では、匿名アカウントの発信者情報を開示させるために迅速に対応したにもかかわらず、Twitter社は東京地裁にも出頭しなかった。これでは被害者の救済も名誉回復もできません。IPアドレスの保存期間も含めて法整備が必要です」

仁藤さんも仮処分申請が却下されたことを受けてこう話す。

「こんな展開になるとは思っていなかったので、驚きました。Tweetは事実じゃないと証明したいのに、その手段すら絶たれたということですよね。匿名の悪意にこれからどう対抗していけばいいんでしょうか……」

前出のケースで取り上げた弁護士の伊藤和子さんもTwitter社に対して発信者情報の開示請求を行っている。

「発信者情報開示請求の手続き自体が非常に複雑で、最終的にたどれない場合もあるのは問題だと思います。ＳＮＳなどのプラットフォームは最後まで個人が紐付けされるようなシステムにすべきで、企業がそれをしないのであれば、プラットフォームの責任者が罪に問われるような法整備が必要ではないでしょうか」（伊藤さん）

「デジタルタトゥー」と言われるように、一度ネットに書き込まれた情報は、まとめサイトや掲示板などさまざまな方法で拡散され、全てを消すのはむずかしい。

伊藤さんが取り組んでいるＡＶ出演強要問題は、総務省が啓発したり相談窓口を設けたりするなど、国が対応することで改善してきた。現在は、プラットフォームに出演を強要された作品の削除を要請すると多くが対応するそうだ。

「やはり国が法をつくったり方針を示したりすべきです。政府もＡＶ強要問題や児童ポルノ、リベンジポルノの問題には取り組むようになりましたが、もっと女性の人権全般に対象を広

げて欲しいです」（伊藤さん）

「Twitter社とのやりとり一つとっても、個人で戦うには精神的にも時間的・金銭的にも非常に負担は大きい。だから深刻な被害を受けても泣き寝入りをせざるを得なかったり、もっと言えば、自ら発信することもやめてしまったり……。そうなれば攻撃側の思うツボだ。

先の女性たちのように記者会見という形で被害が収まったケースもある。声を上げること、戦う姿勢を示すこと。苦しくてもやはり女性たち自身が行動を起こすこと。本来は法制度などももっと整えるべきだが、そのためにも声を上げる、そして声を上げた女性たちを支援する仕組みが必要だろう。

作家の川上未映子さんは、２０１８年10月から数カ月にわたり、ネット上で殺害予告とも取れるような脅迫を受け、予定していたイベントや講演に登壇できなくなった。だが、こうした脅迫には「屈しない」という姿勢を自身のインスタグラム（Instagram）で明らかにし、大きな反響を呼んだ。

インスタの投稿はちょうど、あいちトリエンナーレの「表現の不自由展」が多くの脅迫によって中止に追い込まれた直後だった。

Business Insider Japanの取材に対し、川上さんは「屈しない」と声を上げたことについてこう話した。

「表現を仕事にしていると、ネット上の誹謗中傷などはつきものです。作品であれ私個人に対するものであれ、結局は嫉妬や妄想がほとんどなので、私には関係ありません。でも危害予告は別です。大勢の人や生活にかかわることです。

よく言われるのは相手を刺激しない方がいいということなんですが、そうすると結果、自分の活動を制限することになる。でもそれはおかしい。悪いのは加害者で、被害者には非はないのですから」

インスタへの投稿はいろいろな人によってシェアされ、大きな反響を呼んだ。9割は共感だったが、0・5割ぐらいは「あなたにも責任がある」という意見だった。原稿に自分の写真を添えたことを揶揄する声もあったという。

そのことについての川上さんの言葉が、今のオンラインハラスメントの背景にある〝深い闇〟を言い当てていると感じる。

「（女性が被害にあったときに）被害者が自主性をもって強くあることに、拒否反応があるんでしょう。被害女性がサバイブの体験を語るとき、その人らしくふるまうことに嫌悪感を抱く人は、自分のなかのどういう劣情がそうさせているかを、考えたほうがいいですね」（川上さん）

なぜこうしたハラスメントや暴力が起きるのか。それは被害者側でなく加害者側の問題なのだ。なのに、いまだに日本では被害者が孤立し、悩み、肩身の狭い思いをしている。

川上さんは、今回投稿した内容の中で自身の被害の実態だけでなく、どう加害者に対峙して来たかも書いている。警察に被害届を出し、匿名の書き込みに対しては情報の開示請求をして特定し、今後はその相手に対してはイベントに登壇できなかった損害の賠償を求める訴訟を起こすことまで明らかにしている。

それはとても心折れる作業である、と川上さんはいう。それでも、とこう続けた。

「悪質なものはすぐに警察に届けるべきですし、いまはネット被害の相談にのってくれる場所も増えているので、どうか勇気を出して、なんらかの対応をとってほしいと思います。しかるべき声をあげて、こんなことは許されないことなのだ、きちんと裁かれるのだという前例を作っていくことが大事だと思います」

（川上さんの発言などは『Business Insider Japan』の2019年9月9日掲載記事より引用）

※Twitterの引用箇所などで一部不適切な表現が含まれていますが、被害の深刻さを伝えるためにあえてそのまま掲載しました。

特別対談

02

伊東さん、なぜ企業にとってダイバーシティは成長戦略の一つなのですか？

伊東正仁、浜田敬子

2017年12月16日【第2回徹底検証　炎上リスク――そのジェンダー表現はアリか】が開催された。普段何気なく接しているメディアの表現、とくに「炎上」をはじめとする表現のリスクについて話し合われ、メディアの表現がどのように作られるのか、なぜいま「ダイバーシティ」が重要だとされるのか、専門家などを交えて活発に議論された。損害保険ジャパン日本興亜株式会社取締役専務執行役員（当時は取締役常務執行役員）の伊東正仁さんには「ネット炎上保険」と企業にとってのダイバーシティについてお話しいただいた。会社経営の立場からの率直な意見は貴重なもので、この機会に再度取材をさせていただいた。聞き手は「Business Insider Japan」編集長の浜田敬子が務めた。

伊東正仁 いとう・しょうじ

損害保険ジャパン日本興亜株式会社、取締役専務執行役員。1984年京都大学を卒業後、損害保険ジャパン日本興亜株式会社に入社。CSR部長、経営企画部長、千葉支店長を経て、2015年4月取締役常務執行役員、2018年4月より取締役専務執行役員（現職）に就任し、人事や保険金支払部門を担当。2019年4月より、監査、リスク管理、コンプライアンス、業務品質の担当役員として精力的に取り組んでいる。

一歩を踏み出すための保険

浜田　私は日々の取材で、企業にとってジェンダーやダイバーシティへの無理解がどんなリスクにつながるのかを、ダイバーシティ担当の方に聞くことは多いのですが、実際の経営層の方に、経営戦略としてのダイバーシティをテーマにお話を聞く機会はなかなかありません。今回は伊東さんに、自社のお話はもちろん、日本企業全体にまで視野を広げて伺いたいと、期待してまいりました。

私が所属するメディア「Business Insider Japan（ビジネス・インサイダー・ジャパン）」の主な読者はミレニアル世代の若者たちです。そのため、ハラスメントを受ける側の気持ちについてはよく取材しているのですが、一方で私自身は管理職という立場でもあり、加害者になる可能性もあります。いま企業の職場環境がかなり変わってきていて、いろいろ対応がむずかしいと感じています。

たとえば管理職をやっている同僚や友人と話していると、部下に対する今までの指導法が通用しない、自分の発言が相手にどうとられるか見当がつかない、と誰もが悩みを口にします。昔のように親身になってアツい指導をしようと思っても、もういいやと諦めてしまうこともある。もちろんハラスメントはよくありませんが、指導してもらえないのは部下にとってもよくありませんよね。労働現場でさまざまなトラブルが起きつつあるいま、御社はハラスメントに対応する保険を出されています。おもしろい保険ですね。

伊東　保険というのはそもそも、原状を回復する、というのが基本的な考え方です。たとえば自動車保険は事故で壊してしまった物を修理する費用を支払うし、生命保険なら怪我や病気を治療するための費用を補償する。安心の反対は不安ですよね。ハラスメントの不安に対応するため、弊社には特約を追加することによりハラスメントに備えることができる「弁護のちから」という保険があります。この「ハラスメント保険」はモノではなく不安をケアするものです。不安な気持ちを軽減しましょうという保険となります。

ハラスメントを受けたと感じた方は、まずどのような行動を取るでしょうか。

浜田　会社員であれば、まず企業の相談窓口に行きますよね。

伊東　まずは誰かに相談しますよね。たとえば、友だちや知り合いに相談して、アドバイスをもらう。それでも解決しないとき、次に相談したいのは専門家ではないでしょうか。思い浮かぶのは弁護士です。ただ、相談したいが知り合いの弁護士がいない。そのような場合に弁護士を紹介できるネットワークがあることがこの保険の一つの強みです。

実際に弁護士に相談すると費用がかかりますが、その費用も保険で賄うことができます。ハラスメントの不安はゼロにならなくても、専門家に相談できることで、少しは安心につながります。

解決する場合もあれば、最終的に裁判になるケースもある。その相談費用や裁判費用も保険でカバーできます。弁護士を紹介し、その費用を補償する、というのがこの保険の考え方です。

浜田　ハラスメント被害者の多くはセクハラな

ら女性ですし、パワハラなら若い人であって、比較的弱い立場の人たちです。被害に遭っても弁護士も知らないし、どうしていいかわからない人にとって、一歩を踏み出すのにとても心強い仕組みだと思います。行動を起こすきっかけとしての保険ですね。もちろん、実際にかかった費用を補償してもらえることもメリットですが、気持ちの部分がとても大きいと思います。

というのも、やっぱり泣き寝入りする人が多いんです。最近私たちのメディアが調査報道で存在を明らかにし、企業も対策に本腰を入れ始めたハラスメントに、「就活セクハラ」があります。これは私たち「Business Insider Japan」が初めて大きく報じた問題で、当事者の学生さん500人以上の声を集めました。就活生の場合、雇用者ではないので、法律ではハラスメントの適用を受けにくい。企業が対応するのはあくまでも雇用関係の下でのハラスメントであって、雇用者ではない学生を守る仕組みもなく、泣き寝入りをしている学生がすごく多かった。

私たちは個人的に学生たちの相談を受け、場合によっては弁護士を紹介することもしていました。未成年者が弁護士を委任する場合、親権者による手続きが必要なケースもあったりはしますが。御社の「ハラスメント保険」について学生本人が知らなくても、相談を受けた先輩や親御さんが「こういうのも使えるよ」と助言してくれたら、踏み出しやすくなるんじゃないかと思いました。

「ネット炎上」のための保険

伊東　セイフティーネットの一つですね。「ハラスメント保険」は被害者が個人の場合に使えるものですが、これを企業に置き換えたのが、もう一つの保険「ネット炎上保険」です。

企業の場合、たとえば不注意で起きたトラブルがSNS上に書き込まれたり、飲食店などの従業員が商品や什器などにしたいたずらがSNS上で拡散されてしまう「バイトテロ」が発生するケースがみられます。SNSの拡散力は爆発的で、炎上が起こる頻度も高くなります。

この保険は、炎上を発生させないというものではありません。炎上の兆候をウォッチし、炎上の原因調査や拡散防止、専門家に相談するコンサルティング費用やメディア対応等にかかる費用を補償します。また、炎上した場合は当社の提携企業を通じて、分析レポートの作成や情報発信コンサルティング、緊急記者会見実施支援などのサービスを紹介することも可能です。

これらの費用を、ネット炎上保険でお支払いすることができます。

浜田　たとえばカネカはある男性社員に対し、育休明け2日後に転勤の辞令を出した。今までは社員が仕方なく転勤に応じるか、会社を辞めるかしか選択肢はなかった。でもその男性の妻がこの事態をTwitterに書いた。社名は隠していたけれど、ちょっと調べればカネカだとわかる状況で。「カネカショック」と呼ばれていますが、企業としてはきっとあそこまで反発されるとは思っていなかったと思います。

ネットに対するセンサーって、企業によって本当にまちまちですね。カネカの場合は「自分たちは間違っていない」というような対応をしてしまった。その後内定者の中から辞退者が出たとも言われています。

今企業にとって大事なのは、自分たちが社会からどう見られているか、きちんと把握することだと思います。自分たちのやり方をいままで続けてきたけれど、それが世の中からどう見えるのか。広告の炎上がまさに好例ですが、よかれと思って打った広告が自分たちの意図と違って見られたりする。いいか悪いかは別にして、自社が世間にどう映っているのかに相当にセンシティブにならざるを得ない時代です。ネットが普及した結果、とにかく誰もがすぐ検索するし、当事者が直接告発できてしまうわけですから。

そういったことも含めて、管理職や経営層はどこまで何を気をつけなくてはいけないのかを考えると、本当に厳しい時代になったなと思いますね。

伊東　弊社の保険では、第三者のコンサルを受けた上で、メディアに再発防止の取り組みを公表する費用を持つことができます。

浜田　問い合わせは多いですか？

伊東　結構ありました。

浜田　やはり相当リスクとして意識している企業があるということですね。

自分を知ることで自分を守る

伊東　社員がハラスメントを受けたときの相談先をきちんと準備しておくというのも、企業の危機管理としては必要です。

先ほどいつ自分が加害者になるかわからないとおっしゃいましたが、なぜこういうことが起こるのだろうとずっと考えています。一つは世間の常識が変わってきているということがありますね。古くからある組織がクローズドの状態の場合、社会の変化に気づきにくいことも要因だと思います。

社会常識の変化を知るというのと同時に、私は人の本質を見極める必要があると感じています。ハラスメントの問題はそこを避けて通れないのではないでしょうか。パスカルは「人は考える葦だ」とか「すべての人は幸福を求めている」と言いましたが、どういったときに幸福を感じるのかは、人によって違うし、考え方も違います。では、どうすればいいのか。

被害者に対しては、先ほどお話ししたようなセイフティーネットをつくればいいですが、加害者にならないようにするためにはどうしたらいいでしょう。まずは自分自身をよく知ることが大切だと私は思っています。自分はどんなときに喜びを感じるのか、どんなときに怒りや悲しみを覚えるのか。これらを1人ひとりが理解しておくことが大切です。自分を知るとは、自分を守るということです。

したがって、個人でできるのは、まずは本当の自分を知るということ。処分規定を厳しくすることで、理性の働きを広げることは可能だと思いますが、限界もあると思います。

浜田　会社も自社を見つめ直す必要があると思います。クローズドな会社は、時代の変化に鈍感です。でも最初に見直すのはその部分だと思います。社員を処分するよりも前に、自分たちのやり方は正しいのか、自分たちの会社は時代から取り残されてはいないかを確認する。

私は働き始めて30年になりますが、90年代の新聞記者の女性なんて、もうセクハラのオンパレードでしたが、口にできませんでした。今はそれをみんなどんどん訴えている。それぐらい世間は変わっているんです。同じ事象が30年前とはまったく違って受け止められるという時代の変化を、とくに会社の経営者やリスク管理担当者が敏感に感じて、社内で定着させることが、第一段階です。

伊東 そうですね。シンポジウムでもお話ししましたが、「外は今こうなっていますよ」と内部に伝える役割として、社外取締役の役割は重要だと思います。特に最近の社外取締役は女性のケースが増えていますから、入った会社の風土やそこにまつわるリスクを敏感に感じられると思います。

浜田 それが社外取締役の役目ということですね。

今や多くの人は「ハラスメントはダメだ」という認識を持っています。でもお酒を飲んだりすると、その理性がきかなくなってしまう。理性がきかなくなる要因としては、職場環境もあります。たとえばパワハラのある職場を点検すると、やっぱり忙しすぎるんですね。業績が伸びないために無理をさせ、徹夜が何日も続いたりしている。そういう苦しい現場にいるとイライラして、自分自身を理性でコントロールできなくなるのです。

ですから、個人として自分を知ると同時に、ハラスメントが起きそうな危険信号を察知して、土壌を改善することも重要だと思います。なんとなく雰囲気が悪いとか、ついつっけんどんに怒鳴りあげてしまう人間関係になっているとか。職場を作る立場の人間としては、ハラスメントが起きにくい土壌をどう作っていけばいいのか、常に考えなければならないと思います。

相談ができる仕組みをつくる

伊東　ハラスメントを受けると、誰かに相談したいという気持ちになるものです。やはり相談できる仕組みが社内にあることがとても重要ではないかと思います。外部の専門家がいて、職場から少し離れたところに相談室があるなど、いつでも気兼ねなく相談できる場所が必要です。そういう場所を用意したとして、本当に相談できているかどうかは調査してみなければわかりませんが、社内の相談室に早い段階で相談が入れば、解決できることもあると思います。

浜田　そう思います。やっぱり人と人のことですから、相手がそう受け取ればそれはもうハラスメントだ、という判断になってしまう。セクハラはわりとわかりやすいのですが、むずかしいのはパワハラです。指導が基本的に厳しい人っています。部下によって、それをかなりつらく感じて耐えられない人もいれば、耐えられる人もいる。

伊東　やはり早めに相談してもらい、第三者が評価することだと思います。当人同士での解決がむずかしいものもあると思います。ハラスメントを起こさないための取り組みと、残念ながら発生してしまった場合の対応策を考える必要があると思います。

浜田　自分も傷つかないし、よい解決になるとわかっていれば、相談室に行きますよね。

伊東　そうです。早期に相談できる制度の充実をどう図っていくかが一番の課題なのだと思います。

浜田　通報のしやすさももちろんですが、通報すればきちんと会社が向き合ってくれる、という信頼感があれば、いきなりSNSにバーンとは書かない。

伊東　おっしゃるとおりです。信頼関係の構築が実は一番むずかしい。信頼関係がないと、相談者はさまざまな不安を感じます。信頼関係構築のポイントは、会社がきちんと自分の立場を理解してくれるかどうか。会社側のアプローチも今後の課題です。

企業にはダイバーシティがなぜ必要なのか

浜田　先ほどから話に出ているようにクローズドな企業にならないためにも、企業において、多様な価値観を反映させるダイバーシティ経営が必要になってきていることは、経営層にはすでにかなり浸透してきていると思います。でも実際に取材をしてみると、会社によって濃淡がある。本気でやっている企業と、表向きだけの企業の差が激しいんです。後者は「うちは製造業だから」とか「工場が多いし」と、さまざまな言い訳をしてくる。対策にはコストもかかりますから。企業は今なぜダイバーシティを進めなければいけないのでしょうか。

伊東　それが本当に企業の業績につながるのか、ということだと思います。たとえば「女性活躍」。理屈では女性の登用が必要だとはみなさん理解しています。ただし、それを右脳で理解できているかというと、まだまだだと思います。「女性の登用は会社の業績にも貢献する」と実感していないから、いいことを言ってもなかなかすすんでいかない。

私が「女性活躍」が本当に必要だと感じたの

は、東日本大震災のときでした。被災された方たちへの電話応対がとても丁寧だったり、コメントを添えて文書を送付したりするなど、女性ならではの気づかいを発揮し、女性社員がいたるところで活躍してくれました。お客さまからも大変多くの感謝の声をいただきました。あらためて、保険の重要性、意義を心から理解し、女性活躍や女性の登用は重要であると感じました。

女性登用について、そういった成長理論を持ってくるべきではない、本来は男女平等なのだから、ポジションは性別に関わらず公平にすべき、という主張もあります。ただし、現実は簡単ではないと思います。

浜田　そうですよね。

伊東　登用をきっかけに活躍する女性が一層増えて、会社の価値観が変わっていくということになれば、あとは自然に動いていきます。

浜田　そこに行くまでが、日本の場合は時間がかかっていますよね。この20年ほどの間にはいくつか節目もありました。2000年代に入ると意欲のある女性を登用するという企業の取り組み「ポジティブアクション」が採用され、一定の数値目標もできたのですが、リーマンショックや東日本大震災など、経済的な打撃があると、企業は後回しにするんですよ。これまでの女性登用政策って、やはり見た目を繕っているだけという感じが強かったように思います。

伊東　制度を整えることは、一つのステップだと思います。

ベンチマークは3割

浜田　当時は女性が働きつづけるため、まずは仕事と家庭の両立支援について熱心に取り組む企業が多かったですよね。

伊東　まずは両立支援をすることが、ライフイベントがあっても働ける職場をつくることにつながります。そこから次のステップへの移行はまだまだハードルが高いと思います。したがって、「202030」（2020年までにあらゆる分野で指導的位置に女性が占める割合を30％にするという男女共同参画推進本部が決めた目標数値）が内閣府から示され企業が目指すことには、大きな意味があったと思います。なぜ3割なのかといえば、私は「黄金率」だと考えています。全体の1割では聞いてもらえませんが、3割いれば意見は通るというか、耳を傾けてもらえる。だから早く3割を達成し、その意見にみなが耳を傾けるようになれば、企業はおそらく変わることができる。

浜田　こういうとき、必ず「数字ありきはおかしい」という批判が起こるのですが、経営層の方から3割の必要性を言っていただけて心強いです。集団の中に同じ主張の人が3割いると、意見を言いやすいという調査もあります。1人だと、同化してしまうと言われています。

ダイバーシティの本質は多様性ですから、本来は女性だけ入れてもダメだと思うんです。女性、中途採用された人、外国人……、それまでの会社のカルチャーとは違う人たちを入れるということが本質だと思います。でもそういう人たちがこれまで脈々と続いてきた会社の体質に対して「これって違うんじゃないでしょうか」と言うのは、勇気がいることです。同じように異論を唱える人が3割ぐらいいないと、言うことさえはばかられる。言っても聞いてもらえない。そのうちに同化してしまって、結局多様性にはつながらない。
少数者である女性が会社の中で管理職を目指す場合も、「あの人、特別だよね」と「特別枠」にされてしまうと、途中で心が折れます。私はバブル世代ですが、そのあとの就職氷河期時代の管理職の女性たちが、今課長から部長になろうとする時期なのですが、みんな課長までは頑張るのに、そのあと「もういいや」と諦めてしまう。その上の先輩たちが討ち死にしているのを見ているから、やっぱり躊躇してしまう。いくら頑張っても自分たちではもう変えられない、と心が折れていく。そこからのハードルがなかなか高いなあ、と。

伊東　管理職になるのは競争で、イス取りゲームのようなものですからね。イスを守ろうとする人たちのほうが強いから……（笑）。

浜田　もう、それはそれは……（笑）。

ロールモデルを見つけたい

浜田　『アエラ』編集長時代、ある女性を副編集長に抜擢しようとしたことがあったんです。彼女には子どもがいて、夫も新聞記者。客観的に見ても、仕事と家庭の両立がすごく大変そうでしたし、本人も一旦は躊躇しているようでした。そのときたまたま松本晃さん（カルビーのCEOやライザップのCOOを経て、現在ラディクールジャパンCEO）とシンポジウムでご一緒する機会があったので、「松本さん、部下が昇進を躊躇しているようで」と相談したら「それは浜田さんが本気で応援していないからや。それを見抜かれているんや」と言われました。ドキッとしました。

私は実家の親を田舎から呼び寄せて隣に住んでもらい、育児を手伝ってもらいながら管理職をこなしていました。でもその部下に言われたんです。

「浜田さんの世代のようには働けない。親は地方にいてまだ現役で働いているし、自分たちは夫婦で子育てをしながら、できる範囲で仕事を続けたい」と。もはやそういう価値観の世代になっているのだと気付きました。

私は彼女を抜擢することまでは考えていたけれど、その価値観を損なわず役職を全うしてもらうためには、どうフォローすればいいかまでは考えていなかったのです。

多くの抜擢された女性管理職と話していると、今でも男性に比べて、女性たちの職種、リーダー経験は少ないと感じます。ですが、突然抜擢されるようになった。ただ、抜擢だけして、「ここからは個人の努力でなんとかやってね」と言っても、経験の穴は埋めがたいものがある。「私、営業を一度も経験したこともないのに、営業課長になっちゃったんですよ」と言っていた食品会社の女性管理職もいました。

伊東 私も本社部門が長かったのですが、いきなり支店長で営業をやってくださいと言われて、慌てたことがありました（笑）。

浜田 そうなんですか！ いきなり抜擢される女性には、メンターのような頼れる人がいないんですよ。だから男性の方にでも、「僕も似た経験があるよ。まずこういうことをやったよ」と言ってもらえると、みんなすごく心強いし、楽になるだろうなと思います。

伊東 たしかにそうですね。

浜田 女性が「自分にはロールモデルがいない」というときは、ほぼ女性のメンターしか思い描いていないんですね。でも部長レベルになればもう男女関係なく業績を上げなきゃいけないし、部下も多くなる。そういう状況で「女性のロールモデルがいない」と言っていたって始まらない。そこで男性役員などに相談できたらと思います。

私も『アエラ』の編集長になったとき、これはシビアな世界に踏み出したなと感じました。業績を上げて黒字を達成し、この部署を守って部員たちを安心させなければいけない。部下をどう育てるか、自分の生活との両立をどうするか、ということだけ考えていればよかった課長、次長クラス時代とは次元の違う切迫感でした。部長になって見える風景はまったく違った。そしてそのとき話を聞きたかったのは、むしろ男性の先輩だったんです。

伊東　そういうときに女性の先輩を探している余裕はありませんよね。

浜田　私が話を聞きに行ったのは、NPO法人ファザーリング・ジャパン理事の川島高之さんです。当時アエラ編集部は部員30人のうち10人がワーキングマザーで、残業できなかった。「その中で業績を上げるにはどうしたらいいでしょうか?」と。川島さんは三井物産の子会社の社長に就任した際、労働時間を大幅に減らしながら業績を上げていました。そうしたら「一番手っ取り早いのは会議改革だよ。会議8分の1法則をやってみたら」とアドバイスをもらいました。会議の参加人数と時間と資料を全部半分にしたら、8分の1。すぐに実行しました。

女性からのアドバイスで役に立ったのは、ある製薬会社の女性役員の言葉です。「自分のやりたいことを実行するためには社内の政治力をつけなさい。これまでは正論で突っ走ってきたかもしれないけれど、これからは誰に根回しをしたらゴールが達成できるのかが、すごく大事なことだから」って。このアドバイスもすごくききました。

一気には変われない

伊東　理想論だけではなく、やはり現実を踏まえなければいけないこともある。矛盾だらけの現実の中で何をどう実現していくか。これはもう悩みまくりますよね。

浜田　悩みまくりますよねえ。

伊東　少しずつでも進んでいるのか、止まっているのか。歩みはすごく遅く見えるかもしれないけれど着実に動いている、動かさなきゃいけないというのが、大切だと思います。

浜田　毎日毎日運営していく、回していくことが大事です。

伊東　回しながら、こうしなきゃいけない、こうありたいというのがあって、そこには矛盾もあるのだけど、着実にそこに向かっていかなきゃいけない。一気にそこに飛ぶことはできないですが。

浜田　人の意識もそうですが、会社も一気には変わりませんよね。オセロみたいに最初は一枚ずつしか変えられないけど、そのうち一気にバッと変わる。そういうイメージを持っています。

伊東　弊社の社員は全部で約2万6000人。私は3月まで、保険金支払い部門の担当役員をしていたのですが、その部門には1万人以上の社員がいました。1万人の気持ちをどうしたら変えられるのか。一気に1万人は絶対に無理ですから、まず部長の気持ちを変えるにはどうしたらいいのか、その下の課長の気持ちを変えるにはどうしたらいいか、という具合にやっていきました。大変でしたが、最近改めて現場の担当者の声を聞いていたら、「ああ、これは浸透しているな」という感じがあって、うれしかったですね。

浜田　繰り返し自分のお考えをいろんなところで伝えられたのでしょうか。

伊東　自分の考えというよりは、何が大事なのかということを伝えていたつもりですね。「どういうことで評価しようと思っているか」は意外と伝わっていたし、その方向に部下たちが変わってきていたなと。

浜田　会社のカルチャーを変えるときに一番大事にしていらっしゃることって何ですか。

伊東　熱ですね。本当に「変えたい」と思っているかどうか。でも熱って、どんどん放出してしまうから、どうやって自分の熱を保つのかが課題になる。どこでどう刺激を受けて種火を持ってくるか。

浜田　ご自分の火を絶やさないために何かインプットをされていることはありますか。

伊東　本を読んだりしてのインプットもありますが、あとは外部のいろいろな方の話を聞きますね。刺激を受けるし、勉強したくなる。自分自身が熱を絶やさずにいれば、周りに伝わっていくのではないでしょうか。

浜田　先ほど、人間の本質のお話をされました。人間誰しもよい面もあれば嫌な面もあって、疲れているとどうしてもキツイ口調になったり、意地悪してしまったりする。かなり理性的に制御していかないと、本当に居心地のいい、みんながハッピーな職場は実現しないと思うんです。理性的に自分を保つって、かなりむずかしいですよね。

伊東　腹落ちした目標がきちんと持てているかどうかだと思いますね。

明るくて、目標に向かってみんなが一体となっている職場もあれば、そうでないところもある。違いはリーダーが部下にどのような目標を持たせているかだと思います。それ次第です。やり方もそれぞれ違います。

浜田　先ほど東日本大震災ではお客さまから「ありがとう」「保険があってよかった」と言ってもらえたと。やっぱりそこなんじゃないでしょうか。モノの場合は「おいしかった」「使ってよかった」という反応でしょうけれど、保険の場合は「生活が助かった」という反応が一番腹落ち度が高いのではないですか。

伊東　当時は「ある人には地震保険の支払いができたけれども、ある人にはできなかった。なぜもう少し強く勧めておかなかったのだろうとずっと後悔している」という話もよく聞きました。このところ災害が多いですし、しっかり補償される保険を勧めておくことがいかに大切かをみなが実感しています。

世代という
ダイバーシティ

浜田　企業がダイバーシティをないがしろにすることのリスクはこれからますます上がっていくと感じています。

着々と進めている先進的な企業とそうでない企業との差が今広がっています。あと10年もすれば競争原理が働き、選ばれる企業と選ばれない企業がはっきりわかれるのではないでしょうか。まず影響を受けるのが採用。人事や採用担当の方を取材していると、みなさん、少子化で

「人が採れない」とおっしゃいます。どんな人でも働きやすい職場でなくては、今後ますます採用がむずかしくなっていくだろうと思います。先ほど話に出た「カネカショック」に如実に表れていましたが、働きにくいと思われた職場は人が集まらない。こんなに家族のことを考えてくれない会社なのか、こんなにいきなり転勤を言い渡されるのか、と男性社員が退職する時代になった。若い人はいかに自分の人生を豊かに過ごせるかに重きを置いていますから、ダイバーシティに取り組んでいない会社は人が採れなくなりますし、辞める人も増えてくると思います。

伊東　こういう時代になれば、必要な制度も変わってくると思いますね。

浜田　うちの読者はミレニアル世代なので、20代、30代に取材することが多いのですが、今の20代って、本当に価値観が違うんですよね。社会や将来への不安が大きいだけに、会社にずっと頼れるとは思っていない。だからどの会社に行けば自分が成長できて、幸福になれるかをかなりシビアに見ている。

伊東　後生畏るべしですね。ミレニアル世代とそれ以外の世代では、「ダイバーシティ」の意味合いも違っているかもしれませんね。「いつまでダイバーシティなんて言っているのですか」と言われる日も遠くないでしょう。

浜田　そうですね。これから「世代間」は、ダイバーシティのキーワードになると思います。

伊東　さらに今後、65歳以上の人口が25％を超えていきます。２０３５年には30％を超えるというのですから、すごく厚みのある層になります。高齢者層がいて、中堅層がいて、ミレニアル層がいるという中で、どうダイバーシティを実現していくのか。今後は女性活躍よりも世代間ギャップのほうがクローズアップされていくでしょう。女性活躍にフォーカスする時間は、そう長くないでしょうね。

女性活躍はダイバーシティの中の一つ、ワンオブゼムです。人口の半分が女性なわけですから、まずここで価値観を変えておかなくては、次に来るダイバーシティに対応できません。

浜田　そうですよね。役員会の年齢ももう少し年齢のダイバーシティがほしいです。女性の活躍だけでなく、若手の抜擢などさまざまなダイバーシティが求められる時がくると思います。そのとき性別のダイバーシティでさえ実現していなかったとしたら、外国人や世代問題にとても対応できないでしょうね。

ダイバーシティはめんどくさくておもしろい

伊東　ダイバーシティのある環境では多様な価値観、考え方と同居することになりますから、今以上にコンフリクトが起きますし、議論にも時間がかかります。ダイバーシティが進めば進むほど、今までの会議スタイルでは対応できなくなるでしょう。

浜田　私は朝日新聞社で長い間仕事をしてきましたが、朝日新聞ってほぼ全員が新卒で入社するので、コンテキストが共有されているんです。しかも『アエラ』というのは出来上がったブランドです。「『アエラ』ってこういう雑誌だよね」という前提の下に作っていたところがあって、その意味では価値観のダイバーシティはあまりなかったと思うんです。

一方、今の職場はゼロから作ったメディアで、社員は全員違う職場から来ています。バックグラウンドが全員違うし、20代から50代までいて、半分は女性です。最もすり合わせがむずかしかったのは性別によるものではなく、カルチャーでした。新聞社から来た人、出版社から来た人、ウェブメディアから来た人、メディアを知らない人がいると、まず共通言語を見つける作業からです。で、めんどくさいんですよ、やっぱり。「これが通じないかあ」って。でもそれがすっごくおもしろいんです。

伊東 そうなんですか。

浜田 自分のこれまでのやり方で仕事をしていても、「ウェブではこうやったほうがいい」と言われる。そうなんだ！　と目が開かれる。社員とのチャットのやり取り自体がおもしろくて、記事にしようよ、と言ったくらいです。新しいアイデアやよい企画って、違う人が集まってこそ生まれるんだ、と実感しましたね。

ただ、やっぱりコミュニケーションコストはどうしても高くなります。誤解が生まれたときの修復が大変ですし、前の職場なら「あ・うん」の呼吸で通じていたものが、なかなかそうならない。でもこれは、これからの組織にはおそらくとても必要なことだと思うんです。

特に新規事業や新しい発想が生まれないという企業は、バックグラウンドがまるきり違う人を入れたほうが、絶対におもしろい。そのことを体感しました。

伊東 当社もデジタル戦略を担当する執行役員として、シリコンバレーで活躍していた人物を採用しました。今は常務になっていますが、この間、会社のデジタルに関する知見も大きく変化しました。

浜田　1人入られるだけで結構変化があったのですね。

伊東　もう少し下のポジションだったら埋没していたかもしれませんが、彼は役員として入ったのでどんどん新しいことをやれたんですよね。それがどれも我々にはなかった発想で、非常におもしろいな、と。これまでの見方では、暴走にみえることもありますが（笑）。

浜田　わかります（笑）。うちの編集部に初めて外国人が入りました。これまでのダイバーシティとはレベルが違う。仕事の進め方なども。でも正しい指摘もあるので、お互いに「それは違う」「いや、こうだ」と言い合いながら、それもいい刺激になっています。私自身も暴走しがちなので、時々部下から「ストップ」が入りますが。

伊東　ただ、意外と結果って出ますよね。

浜田　じゃあ一回暴走させてもいいのかしら。

伊東　最終的に本人が気づきますからね。どこまでやるか、おもしろいですよね。無責任には言えませんが（笑）。

浜田　そうですね、自分のことを振り返ってみたら、暴走させてみるのはいいのかもしれません。楽しいお話をありがとうございました。

07

「殻」を破ろうとする韓国の女性たち
——消される「声」に抗して

李
美
淑

李美淑　い・みすく

立教大学グローバル・リベラルアーツ・プログラム運営センター・助教。米国ハーバード・イェンチン研究所訪問研究員、東京大学大学院博士課程教育リーディングプログラム「多文化共生・統合人間学プログラム」特任助教を経て、現職。専門はメディア・コミュニケーション研究。東京大学大学院学際情報学府で博士学位（社会情報学）を 2015 年 9 月に取得、2018 年博士論文をもとに『「日韓連帯運動」の時代—— 1970-80 年代のトランスナショナルな公共圏とメディア』（東京大学出版会）を出版。

「私は綺麗ではありません」

2018年6月4日、ビューティー・ユーチューバーのベ・リナは「私は綺麗ではありません」という動画をアップした。この3分32秒の短い動画では、メイクなしのベ・リナが化粧をしていく様子とともに、「メイクすればいいのに」「今は化粧するのが礼儀だよ」「女のくせに汚い皮膚だね」「私があの女なら自殺するよ」などのコメントが映し出される。化粧を終えたベ・リナはやっと満足げにほほ笑むが、またもや「メイクが濃い」「そんなんで外出できるのかよ」「化粧でなんとかなると思った？」などのコメントが映し出される。このようなコメントとともに、ベ・リナの表情はだんだん暗くなっていく。しかし、もう一度ベ・リナはすべての化粧を落とし、すっぴんに戻った。ベ・リナはなんだか解放されたような表情で満面の笑みを浮かべる。そして、字幕を通じて「私は綺麗ではありません。しかし綺麗じゃなくても大丈夫です。他人の視線で自分を苦しめないでください。メディアのなかのイメージと自分を比較しないでください。あなたの存在自体が特別なのです。……他人によって作られたあなたでなく、自分自身を見つけてください」と訴えた。フェミニズムをめぐる様々な議論が盛り上がった韓国の2018年を象徴する一つの動画であった。

この「私はきれいではありません」動画は、「脱コルセット」運動の議論を活発化させた。「脱コルセット」運動とは、ウエストのくびれを強調させるために付けたコルセットを脱ぎすてる、つまり社会的に求められる女性の姿という圧力から自由になることを求めるフェミニズム運動である。とりわけ10代、20代の若い女性たちが反応し、SNSでは「#脱コルセット」認証」(#탈코르셋 인증)という形で、壊した化粧品や切った髪の毛などを写した写真が続々と上がった。「リップもブラも捨てた……『脱コルセット』を叫ぶ女性たち」(『中央日報』2018年6月3日)では、「脱コルセット」に参加する様々な人々の声を紹介した。30歳のある会社員の女性は、いつからか「なんでこんなに熱心に化粧しなければならないと思ってしまったのか」とふっと疑問に思い始め、脱コルセットを通じ、「自らが作ったある枠に自分をはめ込んできたのではないか」と振り返った。このように、社会が求める女性の姿を内面化し、その枠に自分自身をはめ込んできたという自省の声が、「脱コルセット」運動の核心となっている。こうした動きは、眼鏡をかけてニュースをレポートする女性アナウンサー(MBC)、長い髪の毛を切って「脱コルセット」を認証する女性アナウンサー(JTBC)、ブラを付けない女性芸能人のSNS活動なども含め、多方面で反響と議論を呼んだ。

しかし、「脱コルセット」に対する批判や疑問の声もある。どこまでが「脱コルセット」

なのか、化粧、ファッション、ダイエットなどを通して得られる喜びや満足を無視していいのだろうか、それらを拒否しなければならないというもう一つの「コルセット」(社会的圧力)になるのではないか、といった声である。ユーチューバーのべ・リナは、動画に付けた説明で、「たぶん私はこの外見の評価から自由になれないでしょう」「私はこれからもメイクアップの動画を投稿し続けると思います」とし、ある意味、矛盾したようにも見える言葉を残している。それは、「コルセット」から脱したいと思うけど、そこから抜け出すのは簡単ではないということを表している。いつからか「化粧をしなければ外に出られない」という女性たちが増え、女性たちにとって化粧は選択というより、一つの義務になってしまった。だからといってただ単に拒否すれば済むかというと、話はそう簡単ではない。すでに、化粧を拒否することがむずかしい社会的な状況ができあがっているからだ。『私たちにはことばが必要だ』(タバブックス、2018年)で日本でも知られている、イ・ミンギョンの『脱コルセット』(2019年、韓国語版)では、こうした点で、「脱コルセット運動の闘争相手は自分自身となる」とし、新たな突破口を模索するすべての女性に敬意を表すとしている。

溢れる「女性」のイメージ

――消される「声」の行方

韓国では、2000年代半ばからインターネットを中心に「○○女」という表現が流行りだした。2005年には「テンジャンニョ」(味噌女)[*1]という用語が誕生した。経済力がないのにブランド好きで、スターバックスでコーヒーを飲むような女性を指して、虚栄心に満ちた女と非難したのである。反対に彼氏の経済事情にも気を配り、教養のある女性を指す言葉として「ゲニョムニョ」(概念女)という用語も登場した。ネット上では、彼女が「テンジャンニョ」かどうかテストするため、安いレストランに連れて行ってその反応をみたという男性の書き込みも多数上がってきた。こうした「○○女」という表現を通じ、社会的に求められる女性の姿が男性の視点でつくられ、メディアを通して広がり、女性自身にも影響し、内面化されていく。実際、2000年代末に大学を通っていた女性たちは、日常のなかでも、「テンジャンニョ」に見えないようするため、みずからが検閲し、規制しようとしたという。

男性ユーザーが多く訪問するネット掲示板では、被害者としての男性像(すでに男女平等な社会になっており、むしろ男性に対する逆差別で男性が被害を被っているという自己像)

が作りあげられていた。２０１２年には、韓国女性を「自己中心的」であると非難して蔑視する「キムチニョ」という名称が使われ出し、対比として日本女性の「気配り」や「配慮」を讃える「すしニョ」という言葉も流行した（「韓国男性が熱狂するすしニョ」『ヘーラルド経済』２０１２年11月７日）。しかし、どちらの表現も、男性の視点から「気に入る／気に入らない」女性の態度、または「望ましい／望ましくない」女性の姿を規定している点で、女性を蔑視する表現となる。このように、男性の視点で女性の行動、態度、そして外見などを規定しようとする様々な「〇〇女」という言い方は、今なお、人々の興味を引き、「クリック数」を確保する仕掛けとして、記事のタイトルにもよく登場している。

ちょうど同じ時期、日本では「女子力」という言葉が流行りだした。２００９年に新語・流行語大賞にノミネートされた用語で、今もメディアや日常会話でたびたび使われている。「女子力」は、女性としての綺麗さやセンスの良さを意味し、料理ができ、化粧がうまくて、ファショナブルな女子が女子力が高いとされる。鍛えられた「女らしさ」が社会をうまく生き抜くための「戦闘力」として讃えられる。これはテレビ芸能番組の女性芸能人が露出たっぷりの衣装で出演したり、男性出演者とのセクシュアルな身体的な接触ゲームをお笑いとして見せたりする着想と繋がっているようにも見える。女性芸能人の「女性・性」を「売り／商品」にする（または、せざるを得ない）ことを、メディア産業を生き抜くための「戦闘力」として賞賛する。しかし、こうした戦闘力は、実は男性支配的な社会やメディア産業の存在そのものが生み出しているものである。

日韓ともネットやマスメディアに溢れる女性のイメージは、男性の視点でつくられてきた社会を前提としたうえで、「社会が求める女性の姿」を表している。それは、拒否できない、あるいは抜け出すことのできない罠となっている。それに理不尽さを感じ、問題提起をしたり、抜け出そうとした途端、社会からは「ラディカル」とレッテルをはられ、身動きができなくなる。「ラディカル」は過激とか急進的であるという意味だが、若者にはマイナスのイメージで使われる。たとえば、韓国では、男性中心のオンライン・コミュニティで形成された数多くの「○○女」に対し、女性の配慮や犠牲を「当然」のものであるかのように要求する男性を「○○男」と形容するとネットはたちまち炎上する。そういう女性たちは、「ラディカル」とみられ、「女性嫌悪も問題だが、男性嫌悪も問題」というふうに「どっちもどっちだね」などと片づけられる。また、韓国では馴染みのないものであるが、日本の大学ではビジネスマナーに関する講座があり、社会人の女性にふさわしいメイクや服装などについて教えられている。社会人の女性という「枠」からはみ出てしまうと、不適応者、または空気を読めない者として「浮く」らしい。社会が求める女性のあり方に異議を提示し、その枠からはみ出る女性の声、態度、行動は、社会を混乱させるものとして、問題を起こすものとして、沈黙を強いられる。

しかし、「脱コルセット」運動や「〇〇女」をめぐる議論は、女性に覆いかぶさった「社会的圧力」として、男性の視点で構築された社会文化的構造が問題であることを如実に表している。こうした社会文化的構造は、女性のみならず、男性に対しても「社会が求める姿」を強要する圧力となっている。すべての性に対し、自由で、安全で、平等な社会を実現するには、これまで社会や組織を乱すものとして沈黙させられた、消されてきた「声」を、絶えず出していくこと、そして、その声をより広く伝えていくことによって可能になるのではなかろうか。

#MeToo
――消された「声」はどのように届いたか

韓国から日本に留学してきて、いちばん驚いたのは、女性たちがマスメディアを含め、街のなかの広告など様々な場所で商品として扱われていることだった。韓国でも同じような問題はあるが、日本における性産業（性売買は違法としながら、罰則はない）やAV産業が社会に浸透していて、女性をモノや商品のように扱うことを誰もおかしいと思っていないように見えた。*2

2003年、交換留学生として、大阪で勉強していたとき、テレビを見てほんとうにびっくりした経験がある。AVの宣伝のため、短く編集された動画がそのまま放送されていた。留学で日本に来たばかりの外国人留学生たちは「あれ見た?」とコソコソ囁きあいショックと驚きを隠せなかった。また、一部のバラエティ番組では、女性出演者がひどい扱いを受けていた。女性たちにセクシュアルな「罰」(脱がされる、触られる、得体の知れない液体を顔などにかけられるなど)が与えられ、彼女たちが「いやだ」と言っているのをほかの出演者たちが楽しんで笑っていた。これは暴力的で加虐的であった。公共の電波を使った放送で、平然とハラスメントが行われ、「いやだ」という女性の声が簡単に踏みにじられていたのである。

2017年末、世界で#MeToo運動が大きなムーブメントとなっていった。これまで「訴えても結局あなたが不利益になるから」「忘れたほうが/我慢した方がましだよ」「(映画界は)もともとそんなもんだから」というような、誰が言いだしたのかもわからない「社会的圧力」が女性の声を消していた。しかし、勇気ある女性たちの声と連帯に世界の女性が沈黙を破り、被害者を生み出し、沈黙を強要してきた、男性中心の社会のしくみそのものに異を唱えはじめた。#MeToo運動は、日本でも、韓国でも起こった。しかし、その現れ方は両国でかなり異なっている。

韓国ではあるテレビのライブ・インタビューが大きなインパクトを与えた。2018年1月29日、ソ・ジヒョン検事が8年前の検察内部での性暴力被害とその後の不当な扱いについてテレビのライブ・インタビューを通じて暴露したのだ。その後、#MeTooと#WithYouがSNSを中心に波及し、新聞や放送で数多く報道された。当時、韓国言論振興財団メディア研究センターによるオンライン世論調査によると、88・6％の市民が#MeTooと#WithYouを支持していたという（「国民10名中9名、#MeToo#WithYou支持する」『プレシアン』2018年2月27日）。それから1年ほど過ぎた2019年の調査でも、70・5％の市民が#MeToo運動を支持するといい（韓国女性政策研究院、2019年3月8日）、若干割合は減ったが、依然として多くの人々が支持していることがわかる。

一方、日本では2017年、フリー・ジャーナリストの伊藤詩織さんや有名ブロガーのはあちゅうさんによる性暴力被害の暴露が行われ、SNSでも反響を呼んだが（2017年12月17日の日本におけるツイッターの#MeToo投稿数は5万件を超える）、それを追うマスメディアでの報道では、事件そのものではなく、主に「#MeToo、なぜ日本では広がらないのか」といった類の報道や分析記事が目立っていた。

「沈黙を強いられた女性たち」の声に対する反響がなぜこんなにも異なるのであろうか。いや、SNSでは韓国でも日本でも確かに反響は出ていたが、なぜ一方ではマスメディアに広がり、支持され、もう一方は「広がらなかった」のであろうか。韓国と日本の間を行き来する研究者として、私はこの点がどうしても気になって調査に着手し、韓国における#MeTooと放送ジャーナリズムについて研究したものを、英語の専門ジャーナルに発表した。[*3] 以下ではその研究結果の一部を抄訳する。結論から言うと、日韓の差には様々な要因が挙げられるものの、特に、両国のメディアが#MeTooについてどのように報道していたかということが、その後の運動の広がり方の鍵を握っていたのではないかと考えるのである。

ソ・ジヒョン検事は、2018年1月26日に検察内部の掲示板（組織の内部のIntra-net）に、2010年法務部検察局長であった検察幹部から性暴力（腰に手を回し、何度もお尻を触る行為をした）を受けたと告発する文章をあげた。また、数年間の問題提起にかかわらず、事件がうやむやにされ、逆に不当な人事発令を受けたと暴露した。

この情報を入手した記者らが取材のため、ソ・ジヒョン検事側の弁護士に連絡をとり始めた。そのなかで大きな役割を果たしたのがJTBCという放送局だった。JTBCは、『中央日報』が出資して2011年に設立された放送局で、韓国に2011年に誕生した四つある全国編成チャンネル（ケーブルテレビネットワーク）の一つである。多チャンネル時代における競争力を付けるため、JTBCは2013年に、MBCでの1992年言論争議[*4]に参加した経歴を持ち、MBCの討論番組の進行役として長い経歴を積んできた、ソン・ソクヒを報道部門総括社長兼メインアンカーとして抜擢した。その後、JTBCの報道部門では、ライブ・インタビュー形式を含め、報道フォーマットの多様化と調査報道チームの強化などが行われた。その成果で2017年と2018年ともに信頼度や影響力ですべての放送局・新聞社を抜いて1位（週刊誌『時事ジャーナル』による調査）を獲得していた。

ソ・ジヒョン検事が検察内部の掲示板に文章を掲載した3日後、2019年1月29日、JTBCの調査報道チームはニュース・レポート作成のため、ソ・ジヒョン検事のインタビューを撮りたいと弁護士に連絡した。すると、ソ・ジヒョン検事側からライブ・インタビューに直接出演したいとの希望があり、当日急遽ライブ・インタビューが決まったという（JTBC記者のインタビュー、2019年2月14日）。JTBCの調査報道チームの記者によると、ソ・ジヒョン検事のインタビューは、当初7分ぐらいの予定だったが、インタビューを始めたら18分を超える長いインタビューとなった。ソ・ジヒョン検事は、検察内部の掲示板に文章を上げるまでの葛藤と悩み、苦痛と自責、そして、事件の詳細とその後の訴えと組織からの圧力などについて、アンカーの質問に答える形で語った。インタビューを終えながら、ソ・ジヒョン検事はテレビ出演を決めた三つの理由を伝えた。

まず、これまで誠実に勤務すればどんな被害も受けることがないと思っていたし、検察の内部の問題も自然に改革されていくと思ったが、被害者が黙っていては改革は絶対にできないことがわかったからという。二番目は、加害者が最近宗教に帰依し、悔い改め救いを得たと話しまわっているようだが、許しを乞うのは被害者に直接しなければならないと伝えたかったという。そして、最後に、性暴力の被害者に、それは「あなたのせいではない」という言葉を届けたかったという。

こうした8年間の思いが詰まった内容のインタビューは、その場で後に予定されていたニュース・アイテムを飛ばすことを決定させたほど、強力なインタビューとなった。当日は、#MeTooという用語は一言も出なかったし、記者たちもこのインタビューが韓国の#MeToo運動に火をつけることになるとは想像できなかったという。

その翌日から早速、韓国のメディアでは検察内部の真相究明の動きや、社会各界の組織、専門家グループ、そして一般市民からの反応と反響が大きく取り上げられた。最初は、ソ・ジヒョン検事と検察組織に注目していたメディアも、映画、演劇、大学、宗教、スポーツ、政治など社会のあらゆる分野での性暴力が暴露されるにつれ、韓国における#MeToo、そして法的システム不備の問題や二次被害問題などをつぎつぎに取り上げていった。SNSなどで広がる#MeToo、性暴力暴露と、被害者と連帯しながら社会変化を求める#WithYouの動きが広まるにつれ、ソ・ジヒョン検事の暴露から1カ月半後には337の市民団体（参加団体数はもっと増えていく）が連携し「#MeToo運動と共にする市民行動」が3月15日に発足した。こうした連合体の結成までの間、ＪＴＢＣで行われたライブ・インタビューのリストを挙げてみると、次頁のようになる。ニュース番組「ニュースルーム」は広告時間を除いて80分強であるが、当時平昌オリンピックや米朝・南北対話など大きなニュースが続いていたことを考えると、どれほど#MeTooが大きく扱われていたかがわかる。

被害者によるライブ・インタビューでは、今まで被害者の「声」がニュースのなかに短く挿入される形であったのと異なり、被害者の視点で事件そのものが解説された。組織内で問題提起をした際に被害者が受ける圧力、それに対する心理的、精神的な圧迫と苦痛などが語られ、組織内で沈黙させせられた過程が「生の声」として直接伝わった。世の中から消されかけていた声が、公共の電波を通して共有されたのだった。

ＪＴＢＣの調査報道チームで#MeToo記事を多く担当した記者は、被害者たちはメディアに通報する前にあらゆる方法で問題を解決しようとしたという。しかし、司法システムを含め、どこからも保護されない人たちが最後のよりどころとしているのがメディアだったという。ライブ・インタビューは消され続けた「声」に場を提供した。この点が日本との大きな違いであったのではなかろうか。

演劇俳優のオム・ジヨンは、インタビューを終えながら、演劇を学生たちに教えている者

JTBCにおける# MeToo関連ライブ・インタビュー
（2018年1月29日～3月15日）

日付（2018年）	出演者	内容	長さ（分）
1月29日	ソ・ジヒョン	検察組織内における性暴力および問題提起に対する不当な扱いを暴露。	18分35秒
1月31日	キム・ジェリョン	ソ・ジヒョン検事の法律代理人（弁護士）で、二次被害の問題などを指摘。	10分5秒
2月1日	イ・サンチョル	元部長検事で、現在は弁護士。検察組織の男性中心的な文化や構造的な問題などを指摘。	8分50秒
2月3日	匿名（声のみ出演）	現職の検事で、ソ・ジヒョン検事の暴露以後、検察内部の反応や問題点について語る。	6分39秒
2月5日	グォン・インスク	2月1日に法務部に設置された「セクハラ性犯罪対策委員会」委員長が、今後の計画や方針などについて語る。（委員長は、軍事政権下の1986年に警察による性拷問を暴露した元性暴力生存者、女性学教授）	14分57秒
2月6日	チェ・ヨンミ	文学界における性暴力傍観の雰囲気と性暴力発生の構造（原稿依頼や評価などにおける男性中心的文化と人的ネットワーク）について告発。	12分53秒
2月7日	タク・スジョン	芸術文化界における#MeToo運動および被害者支援活動について語る。刑法の問題や被害者探しと消費のメディアの問題を指摘。（2014年に性暴力告発経験を持つ元性暴力生存者）	8分42秒
2月19日	匿名（声のみ出演）	演劇界における代表的な演出家で劇作家であるイ・ユンテクによる性暴力被害の暴露。	13分19秒
2月22日	パク・ウンジョン	性暴力専門担当検事による性暴力に関する刑法上の判断基準に関する解説。2013年の親告罪廃止以前の事件の告発に関する扱いなどについて語る。	15分19秒
2月6日	イム・インジャ	芸術監督で、演劇界における性暴力反対のための行動、被害者支持・連帯運動について語る。	7分24秒
2月27日	オム・ジヨン	演劇俳優が演劇界における性暴力を暴露。（中継という形でインタビュー）	7分23秒
3月5日	キム・ジウン	忠清南道知事による性暴力被害の暴露。	18分33秒

として、このままではいつかまた「私のようなことを誰かがされるのではないか。そのことを恐れました」と告白した。性暴力被害を公開することは非常に勇気が要ることで、その重みと切実さをメディア、そして当該の社会が受け入れることによって、（将来の）被害者たちを保護できる司法システム、社会システムを構築していくことが可能であろう。

スタジオでのライブ・インタビューは、ＪＴＢＣの独特な報道形式である。しかし、こうしたライブ・インタビューを含めた、#MeToo関連の報道は、ＪＢＴＣのみならず、ほとんどのメディアで、とりわけ、２０１８年２月、３月を中心に集中的に行われた。次頁は、19の中央日刊紙と経済紙、そして、５つの放送局（ＫＢＳ、ＭＢＣ、ＳＢＳ、ＯＢＳ、ＹＴＮ）の２０１８年の「#MeToo」の検索キーワードとした際の結果である（データーは、Bigkindsより）。

#MeTooの告発に伴う捜査の進行と裁判に関する報道は、２０１８年半ば以降も続いた。韓国警察庁の２０１８年８月21日の資料によると、１月のソ・ジヒョン検事の暴露以後、#MeToo関連で警察が事実関係の把握に着手した事件は１００件以上に上ったという。警察が事実関係を把握し、送検した事件は42件で、38件が起訴され裁判が進行中。起訴された38名のうち、５人が拘束起訴で、残り33名は不拘束状態で裁判を受けているという（「#MeToo起訴38名のなか５名のみが拘束」『時事ジャーナル』２０１８年８月23日）。この

2018年における#MeToo関連記事数

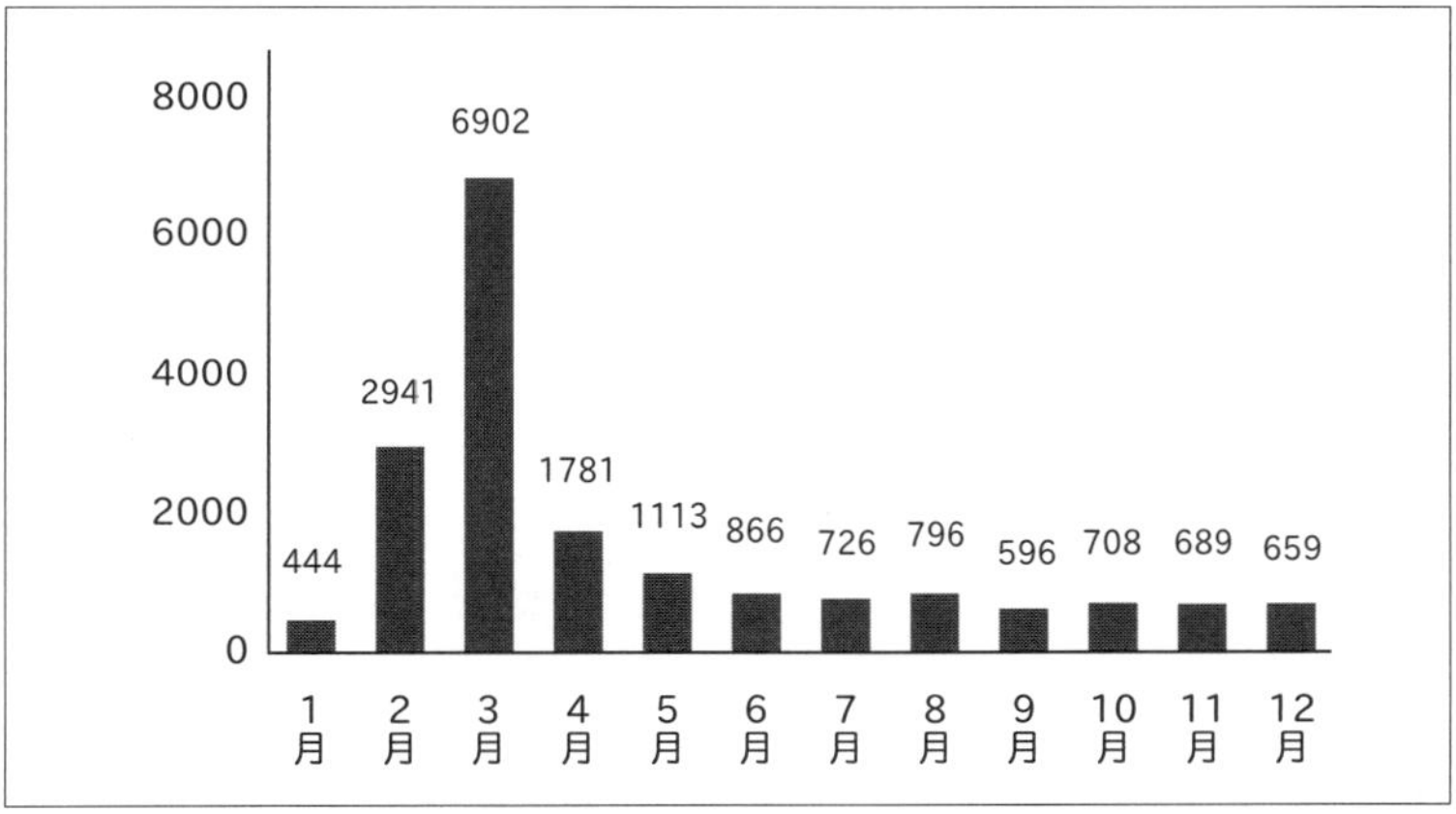

ように、事件のその後の展開や裁判に関する#MeToo報道は、今現在も絶えていない。また、#MeToo運動とともに爆発的に広がった法改正の要求（145件の#MeToo関連法案の発議と35件ほどの立法、「#MeToo1年…眠っている法案を起こせ」『ソウル新聞』2019年1月28日）、不法撮影物[*5]の流布、デート暴力、脱コルセットなどのイシューは2018年のオンラインとオフラインの話題の中心にあったと言っても過言ではない。

一つ特徴的なのは、メディアが#MeTooをメディア自身のアジェンダとしたことだ。ソ・ジヒョン検事をインタビューしたJTBCのメインアンカーのソン・ソクヒは翌日のニュース・レポートのなかで「そして、あらかじめ申し上げますが、私たちはこの事件を昨日、今日の報道に止めません。継続的に取材し、また検察のみならず他の分野におけるこうした不条理な問題をも究明していきます。それをソ・ジヒョン検事にも約束します」と言った。また、韓国の公共放送、ＭＢＣの時事報道番組「ＰＤ手帳」の「#MeTooその後、被害者のみ去った」（２０１８年3月13日）では、解説のＰＤは次のようなクロージングコメントで放送を結んだ。

#MeToo運動が社会全体に拡散されるにつれて、何人かの怪物が問題だとか、政治的たくらみまたは陰謀だとかという話も出たりします。しかし、今進行中の#MeToo運動は、男性中心の権力構造のなかで、この間、隠蔽し黙認してきたことがその実体を現したものです。女性を性的対象化する文化、そして組織保護という名で（女性に対する暴力を）傍観した結果です。#MeToo運動はわが社会のすべての構成員たちに自らを振り返らせました。名前と顔を出した被害者たちは勇気を出しましたが、今も恐れています。誰からも信じてもらえず、孤独な闘いを続けなければいけないからです。#MeTooその後、被害者たちが傷つかない新たなシステムが作られるように、「ＰＤ手帳」も共に（努力）します。

このように、マスメディアのジャーナリストたちによるアジェンダ設定とそのアジェンダを維持していくための報道姿勢が、#MeTooの広がりを説明する一つの要因であったとみられる。

そして、こうした姿勢が#MeToo報道をめぐる日韓のジャーナリズムの差でもあった。#MeToo関連の報道を多く扱うこととなった、ＪＴＢＣの調査報道チームのデスクは、ジャーナリズムの存在理由を以下のように述べる。「法廷、司法システムから保護されない人々が存在し、増え続けるのであれば、ジャーナリズムはその司法システムの不正義を知らせることに存在の意味があるのです」（ＪＴＢＣデスクのインタビュー、２０１９年2月14日）。日本においては伊藤詩織さんのケースを含め、多くの場合「不起訴」となるとそれを伝えるだけでそれ以上の追跡はしない。司法システムの判断をただ「客観・公平」に伝えるためにジャーナリズムが存在するわけではないはずである。「権威」（警察、官僚、政治、法廷など、多くは男性中心的な組織構造と文化に支配されている）が装う「客観・公平」に消されてきた「声」に応答するジャーナリズムを目指す実践的な議論が必要であるだろう。

消される「声」に抗して

韓国の女性たちは、2000年代半ば以後のオンラインを中心とした女性嫌悪に対する異議を申し立て続けた。女性嫌悪とは、女性卑下、蔑視など、社会的に求められる女性性の「枠」からはみ出る女性に対する拒否反応を指すが、逆に「枠」に当てはまる女性に対する過剰な賞賛もその裏返しであり、女性嫌悪と見なされよう。

2015年、「メガリア」というウェブサイト（現在は閉鎖）では、女性嫌悪をミラーリング（女性に対する嫌悪表現をそのまま男性に対する表現として用いること）したり、未婚の母親たちを支えるキャンペーンをしたり、性差別的な広告を選ぶなどの活動をしてきた。SNSでは、「#私は」フェミニストです」が流行り、フェミニズムのリブート（フェミニズムの再起動）の年となった（ソン・ヒジョン『フェミニズムリブート』、2017年、韓国語版）。

2016年には、江南駅付近のトイレで起きた「江南駅殺人事件」で多くの女性たちが怒りとともにデモや集会に出た。「江南駅殺人事件」とは女性を狙った無差別殺人事件で、事件後すぐ監視カメラによって、犯人が不特定の女性が入ってくるところを待ち伏せていたことがわかった。そのため、多くの女性たちが女性として安全に生きる生存権を求める集会とデモを江南駅周辺で行った。2016年の後半からは、Twitterを中心に、「#文壇_内_性暴力」「#オタク_内_性暴力」「#文化界_内_性暴力」「#映画界_内_性暴力」「#スポーツ界_内_性暴力」「#大学_内_性暴力」「#家族_内_性暴力」などのハッシュタグが出回っていた。しかし、当時、こうした暴露と問題提起はそれほどメディアでは取り上げられず、まだ社会問題として広範囲な支持を得ることはできなかった。オンラインを中心とした#性暴力の議論は、一般大衆からは一部のフェミニストたちの活動に映っていたかもしれない。

しかし、2018年、ソ・ジヒョン検事のテレビでのライブ・インタビューを起爆剤とし、マスメディアに大きく取り上げられるなかで、#MeToo運動が広がり、社会変化をもたらした。この事件では、マスメディアのジャーナリズムがどのように報道してきたか、市民社会の議論を十分に取り上げてきたのか、という問いが核心となっている。なぜならば、マスメディアが沈黙するならそれは、消されてきた「声」をもう一度消すことに他ならないからである。

何か理不尽と感じたもやもやした感覚は、多くの場合、言語化されないまま消されていく。しかし、#MeTooで見られるように、それでも声を出し、言語化しようと努力してきた数多くの人々が存在し、そうした「声」をマスメディアのジャーナリズムがより広い大衆と繋げることで、社会変化に向けた意識が生まれる。

韓国女性政策研究院による意識調査（2018年11月15日）によると、韓国の20代の女性のなかで、自分をフェミニストだという人は48・9％（2名中の1名）、20代の男性では、14・6％（10名中1名）という。フェミニズムをめぐる誤解や攻撃もあるなかで、こうしたフェミニスト意識の大衆化はこれからの社会変化を考えるうえで意味のあるものであろう。

日本でも2019年3月と4月、性暴力事件の無罪判決が相次ぐなかで、「これはおかしい」という声がフラワーデモ[*6]という形で現れた。司法の「無罪」という判断に疑問を抱く声をマスメディアのジャーナリズムが拾い上げ、より多くの人々が当該の問題を知り、共有し、議論するなかで、刑法改正を求めるフラワーデモが各地に拡散していったのである。職場におけるハイヒールを強要する文化を変えようと訴える#KuTooなども、SNSなどを通じて行われている。日韓の女性たちは、具体的な問題の現れ方は異なるにせよ、ともに「社会的に求められる女性の姿」という殻を破ろうとしている。

私が韓国から日本に留学して以来、よく聞く言葉の一つに、「韓国の女性は強い」がある。と同時に、日本では、韓国の女性に対して「遅れた」国から来た「儒教文化」の犠牲者というイメージをもたれることも多い。「たいへんな国で、たくましく生きる韓国の女性」という、蔑視とも称賛ともつかない語りを押しつけられるようで、戸惑いも多かった。けれども、私は、二つの国の女性たちには共通の経験と意識があり、ともに連帯できる基盤があると確信している。日本でも『82年生まれ、キム・ジヨン』（2018年）が大ヒットした。この小説では「女性」の生にまとわりつく普遍的な痛みが描かれていて、国境を越えて女性たちの共感を呼び、両者を結び付けたのだろう。

これまで私は、「メディア表現とダイバーシティを抜本的に検討する会」（MeDi）のイベント準備をし、2018年からはメンバーとなって活動している。留学して13年。移住女性のマスメディアにおける表象や日韓市民連帯をテーマに研究してきた。これからは日本とか韓国といった境界を越えて、こうしたMeDiのような女性たちの活動に参加して、女性を含む多様な性、そして弱者に対する社会的抑圧についてメディアとジャーナリズムという切り口から共に学んでいきたいと思っている。

【注】

＊1 「味噌女」の語源については様々な説があるが、「糞も味噌も一緒」という言葉をもじって、女性蔑視の意味を込めて誕生したと言われている。

＊2 韓国の場合、性売買やAVは違法で処罰の対象となる。

＊3 Lee, Misook. (2019) '#MeToo and broadcast journalism in South Korea: The gatekeeping process of #MeToo', Interactions: *Studies in Communication & Culture*, 10:3, pp. 223-240.

＊4　当時、ＭＢＣ言論労組は公正放送を要求する全国ＭＢＣストライキを決行した。アナウンサーだったソン・ソクヒを含め、7名が拘束された。

＊5　韓国では不法撮影および不法撮影物を「モルカ」と呼んでいる。#MeToo運動のなかで、「モルカ」に対する処罰を強化するなどの法改正が次々となされた。たとえば、①同意を得ずに不法撮影した行為、②同意のなかった不法撮影物を流布した行為、③同意の下で撮影したとしても相手の意思に反し流布した行為、いずれも「5年以下の懲役または３０００万ウォン以下の罰金」と以前より処罰が強化された。また、金銭（営利）目的で不法撮影物を流布した場合は罰金刑をなくし、すべて7年以下の懲役刑となった。そのほか、「電気通信事業法」の改正とともに、インターネット・サイトやＳＮＳなどの事業者に対する不法撮影物流通防止責務が強化された。不法撮影物の申告、削除要請などがある場合、削除、接続処断などの流通防止に必要な措置をしなければならず、それに違反した場合、放送通信委員会は是正命令、２０００万ウォン以下の過料を事業者に対し科すことができる。「デジタル性犯罪根絶」関連の立法推進状況（6件改正完了、3件国会係留中、２０１８年12月26日）については、韓国女性家族部（http://www.mogef.go.kr/nw/enw/nw_enw_s001d.do?mid=mda700）を参照。

＊6　詳しくは、「性暴力に抗議するフラワーデモ」（https://www.flowerdemo.org/）を参照。

【参考文献】

イ・ミンギョン、すんみ、小山内園子訳『私たちにはことばが必要だ――フェミニストは黙らない』

タバブックス、2018年
以下、韓国語文献
キム・イクミョン、カン・ユ、イ・ウォンユン、グック・ジヘ、イ・ジウォン、ヒヨン、ジョン・ナラ、パク・ソンヨン『根本ないフェミニズム』ifBooks、2018年
グォンキム・ヒョンヨン、ソン・ヒジョン、パク・ウンハ、イ・ミンギョン『大韓民国ネットフェミ史』ナム鉛筆、2017年
イ・ミンギョン『脱コルセット』ハンギョレ出版、2019年
ソン・ヒジョン『フェミニズムリブート』ナム鉛筆、2017年

08

パーソナルな思い出と、フェミニズムについてのブックガイドのようなもの

田中東子

田中東子　たなか・とうこ

大妻女子大学文学部教授。博士（政治学）。専門分野はメディア文化論、ジェンダー研究、カルチュラル・スタディーズ。主著として、『メディア文化とジェンダーの政治学――第三波フェミニズムの視点から』（世界思想社）、『私たちの「戦う姫、働く少女」』（堀之内出版・共著）、編著として『出来事から学ぶカルチュラル・スタディーズ』（ナカニシヤ出版）、翻訳としてポール・ギルロイ『ユニオンジャックに黒はない――人種と国民をめぐる文化政治』（月曜社）がある。

わたしたちにはことばが必要だった

1991年4月、そこそこ熾烈な受験戦争を勝ち抜いて都内の大学に入学したわたしたちの世代の女性にとって、「フェミニズム」ということばは、忌むべき存在であった。

そのことばのもつ意味合いは、曰く「ブスでモテない女の怒り」であり、テレビなどのメディアの中で表象されるフェミニスト女性たちは、確かにブスでモテなさそうでいつも怒っていて、さして格好良いものであるとは思えなかった。

わたしたちは女性であっても大学進学を阻まれることはなかったし、望むものは努力次第でなんでも手に入れられる……と、90年代初頭の首都圏育ちでそこそこ意識高い系の若い女の子たちはみな、そんな自信に満ち溢れていた。その自信が、69年以降のフェミニスト女性たちのグローバルな闘いの成果によって支えられていたのだとも知らずに。

ところが、都内のそこそこ偏差値の高い女子高出身のわたしたちが入学した大学は、男女比率が文系学部でも当時8対2くらいで、すぐに性差別とセクハラの蔓延するサバンナのような世界であると判明した。

入学からひと月もたたない4月の内に、わたしたちは驚愕の出来事に遭遇する。学科全員で受講する講義で席に座っていたときのこと。すぐ後ろの席にグループで座っていた男子学生たち──みな大学附属の高校出身の男の子たちだった──が、飲み会の時に酔った女子学生に性的な行為──いや、正しくレイプと表記すべきであろう──をしたというエピソードを「武勇伝」的に語り合っていたのである。

授業中に性暴力の実行を武勇伝として語る男子たちがいるということに、女子高出身であり、大学進学のために脇目も振らずに勉強してきたことからあまり同年代の男の子たちに免疫のなかったわたしたちは心底驚き、恐怖した。

当時はまだ、「セクハラ」とか「性暴力」といったFワードは、キャンパスの中に導入されていなかった。したがって、わたしたちは彼らのことを非難するでもなく、心の中に生じたモヤモヤとした感覚をいかようにも表現できないまま放置した。

わたしたちにはことばが必要だったにもかかわらず、恐怖に基づくこのモヤモヤとした感情を表す単語を即座に見つけることはできなかった。今なら、イ・ミンギョンの『私たちにはことばが必要だ──フェミニストは黙らない』（タバブックス、2018年）を読んで、ふさわしいことばとふるまい方を見つけることができるだろう。

もう一つのエピソードも、入学後、間もない時期の話である。5月の連休明けくらいだったただろうか。それはサークルの新歓コンパの際に起きた。そこそこまじめだったわたしたちは国際交流系のサークルに入ることにし、何度めかの新歓コンパに参加していた。そこで、同じ学部同じ学科の2年年上の男性の先輩と隣り合わせて座ることになり、彼は学科のテスト対策や、サークルの活動についてわたしたちに親切に説明してくれた。

そのうち酒が回り始めたのか、その先輩の口調は乱れ始め、気づいたら飲み会の席でわたしたちのうちの1人がその先輩に胸をつかまれていた――と、書き記すとなんだかすごいことが起きたように思えるが、おそらくこの国のほとんどの女子学生が、10~20代のうちに体験したことのある、ありふれた出来事なのだと思う。こうした体験を、誰も語ろうとしないだけで。

ただ、それまで周囲の立派な男性たちからそのような扱いを受けたことのなかったわたしたちは、息が止まるほど驚いた。確かに、痴漢や路上の性犯罪者などに遭遇することはそれまでにもあったけれども、目の前にいる先輩は、わたしたちが憧れてそれなりに必死の思いで勉強してようやく入学した大学の「国際交流系サークル」の「立派な」先輩だ。

まさか、自分たちと同じ側にいる（と信じていた）男性が痴漢のように、目の前の女子学生の胸を触る、などということがあるはずはなかろう……という驚きで、わたしたちの思考は停止し、誰もなんのリアクションも取れないまま、その出来事は過ぎ去った。あまりにも驚いてしまったせいか、その後の記憶はぼんやりしている。

日常に氾濫する『彼女は頭が悪いから』（姫野カオルコ、文藝春秋、2018年）の世界。作中のつばさくんのように勉強だけしていれば良いよと育てられてきたわたしたちは、大学入学と同時にその努力のすべてをはぎ取られ、「ただの女の子」として狩りの対象に過ぎない——しかも、お洒落でもなく可愛くもなく従順でもないわたしたちは、男子学生に狩られる女の子のなかでは最底辺に位置付けられる——ということになったのだ。

その後、その先輩は卒業するまで、二度とそのような行為はしてこなかった（し、たぶんその夜のことをほとんど覚えていないだろう）。わたしたちの前では立派な面白い先輩としてふるまい続け、おそらく、今もどこかのそこそこ大きな企業で、そのようにふるまっていることだろう。

というような、女子校では遭遇することのなかったミラクルな体験続きの大学4年間であったが、在学期間中、わたしたちは一度も「フェミニズム」ということばに遭遇しなかったし、当時、通っていた大学の授業に「女性学」や「フェミニズム」や「ジェンダー論」を冠するものはなかった。それに、わたしたちもそうした授業やフェミニズムのことばを求めようとはしなかった。

思い起こせば、女性の教授というものをわたしたちはほとんど見たことがなかった。見たことがなかったので、女性の教授というのはたぶんだいたい独身で、いつもイライラしていて、ヒステリックに叫びながら授業をするものなのだろう……などとぼんやりと想像していた。そのくらい、教壇に立つ女性というものに遭遇する機会が少なかったのである。

そんなわたしたちが初めて「フェミニズム」ということばに出会ったのが、１９９５年、大学院に進学した年である。上野千鶴子が１９９０年に出版した『家父長制と資本制――マルクス主義フェミニズムの地平』（岩波書店）を、大学院の研究会で講読したからだ。

といっても、大学院にフェミニズムの研究者がいたわけではない。わたしたちの進学した大学院には当時、マルクス主義やポスト構造主義やフランス現代思想を研究している男子大学院生がわんかさかいて、上野の本のタイトルの「フェミニズム」の部分ではなく「マルクス主義」というワードに惹かれて、この本を読むことに決めたのだろう。おそらく「女子院生である」という理由から、わたしたちもレジュメを担当することになった。

その時初めて、「フェミニズム」ということばに、「ブスでモテない女の怒り」以上のもっと重要なシニフィアン（意味付け）があるということをわたしたちは知ったのである。そして、１９９０年代が、フェミニズム冬の時代であったということも……。

ポストフェミニズム期
――バックラッシュ時代の密やかな水路

今から振り返ると、１９９０年代から２０１０年代前半までにかけて、日本社会では本当に信じられないほど女性たちの問題について語るフェミニズムのことばが欠落していた。もちろん、女性学の研究やフェミニズムの運動を続けている研究者やアクティビストはそれなりに多くいたのだけれど、マスメディア全般や出版界、行政や政策などで、メディアとジェンダーの問題を扱うようなテーマはどちらかといえば忌避されていたと思う。

結果、女性学の研究の英知やフェミニズムの運動によって生まれた多くのことばや行動が、一般の人たちの目に触れることは少なくなってしまっていた。

一方で、この時期、欧米ではフェミニズムの新しい潮流が生まれ、１９９０年代後半から現在まで数多くの理論研究と調査研究が執筆されてきた。また、その時期の欧米社会では、若い世代の女性たちによる新しい文化生産も生まれ、その潮流は、現在では「第三波フェミニズム」として知られるようになった。

『ウーマン・イン・バトル――自由・平等・シスターフッド！』（マルタ・ブレーン文＋イ

ェニー・ヨルダル絵、枇谷玲子訳、合同出版、2019年）によると、第三波フェミニズムとは、「多様性と個人の自由により重きをおいた」（91頁）フェミニズムであると紹介されている（より詳細な定義については、田中東子「第三波以降のフェミニズム」『現代思想』2019年5月臨時増刊号、青土社、165-169頁をご参照ください）。

ところが、フェミニズム低迷期でフェミニズムに関する報道や出版が減少していた日本では、この新しい潮流が積極的に紹介されることはなかった。かろうじて、「バックラッシュ」や「ポストフェミニズム」、「ブラック・フェミニズム」や「ジェンダー構築主義」といったキーワードを冠したフェミニズムの著書や翻訳書が出版され、それなりに注目を浴びていた。「バックラッシュ」とは、ジェンダー・フリー教育やフェミニズムによる様々な改革への保守反動的言論のことで、日本社会においては2000年代に入るとこうした反動的ムーブメントが各地で見られるようになった。例えば、山口智美、斉藤正美、荻上チキらによる『社会運動の戸惑い――フェミニズムの「失われた時代」と草の根保守運動』（2012年、勁草書房）や石楿《そくひゃく》による『ジェンダー・バックラッシュとは何だったのか――史的総括と未来へ向けて』（2016年、インパクト出版会）などに詳しい。

「ポストフェミニズム」とは、1969年以降に隆盛を誇った第二波フェミニズムの主張と目標はすでに社会内部で達成されているのだから、もはやフェミニズムはその目的を果たし必要のないものになってしまったという考えのことである。この概念については、近頃、菊地夏野が『日本のポストフェミニズム――「女子力」とネオリベラリズム』（大月書店、２０１９年）を執筆し、「フェミニズムなどもはや必要のない」という考え方がわたしたちの社会と生活にどのような問題を引き起こしたのか、という点から分析を試みている。

「ブラック・フェミニズム」とは、人種的多様性を包含するフェミニズムを目指して黒人女性を中心としたカラードの女性たちによる第二波フェミニズムへの批判であり、「ポスト・コロニアリズム」との親和性も高いものである。このあたりについては、最近、とても読みやすく訳し直された、ベル・フックスによる『ベル・フックスの「フェミニズム理論」――周辺から中心へ』（野崎佐和、毛塚翠訳、あけび書房、２０１７年）をぜひご参照いただきたい。

「ジェンダー構築主義」とは、ジュディス・バトラーらによる「女性」や「男性」といった性別は、生物学的に「生まれながら」決定されるのではなく、社会的・文化的に構築され、言説的に生産されたパフォーマンスの総体であるとする新しい理論のことである。ジュディス・バトラーの名著『ジェンダー・トラブル――フェミニズムとアイデンティティの攪乱』（青土社、１９９９年）が竹村和子の手により翻訳され日本語で読める環境が整うと、２０００年代には議論を巻き起こした。

これら、新しい概念や理論が導入され続けてはいたものの、フェミニズム冬の時代となってしまった１９９０年代から２０１０年までの20年間、フェミニズムの言語や活動は、バックラッシュを跳ね返すだけの一般女性たちの支持を得ることが出来ない状態が長く続いたのである。

こうしたなかで、第三波フェミニズムについても細々と紹介され続けてきた。先行するものとしては、２００６年の荒木菜穂の論文「バックラッシュの時代における第三波フェミニズムの政治性」（『国際文化学』14号、神戸大学、47‐62頁）と、有賀夏紀と小檜山ルイによって編集された『アメリカ・ジェンダー史研究入門』（青木書店、２０１０年）の第13章「アメリカ・フェミニズムの現在――第三波フェミニズムなのか」がある。

その後、２０１２年から14年にかけては、矢内琴江の「ケベックにおける『第三波』フェミニズム」（『女性空間』29号、日仏女性資料センター、２０１２年、１０８‐１２１頁）、わたしの著書である『メディア文化とジェンダーの政治学――第三波フェミニズムの視点から』（世界思想社、２０１２年）、吉原令子の著書『アメリカの第二波フェミニズム――一九六〇年代から現在まで』（ドメス出版、２０１３年）の最終章（「第三波フェミニズムの誕生」）、三浦玲一と早坂静の編著である『ジェンダーと「自由」――理論、リベラリズム、クィア』（彩流社、２０１３年）、上谷香陽の「ガール・ジンからみる第三波フェミニズム

――アリソン・ピープマイヤー著『ガール・ジン』を読む」(『文教大学国際学部紀要』24(1)、2013年、1-16頁)、河野真太郎による「文化と労働(No・3)『千と千尋の神隠し』は第三波フェミニズムの夢を見たか?――アイデンティティの労働からケア労働へ」(『Posse』25号、堀之内出版、2014年、189-205頁、のちに『戦う姫、働く少女』〈堀之内出版、2017年〉に再録されている)などが著されてきたにもかかわらず、英文学の領域以外ではほとんど注目を集めることができなかった。

Reclaim the feminism!〈フェミニズムを取り戻せ!〉

風向きが変わったのは、それから5年――2017年前後のことだろうか。2017年に突入すると、それまで鳴りを潜めていた女性たちの抱える様々な葛藤や問題意識が、SNSを発端に表明されるようになり、それ以外の既存のメディアに広がっていくようになる。例えば、本著で治部れんげが論じているウェブ広告における女性蔑視表現の問題について、最初に声を上げたのはTwitterをはじめとするSNSの言論空間であった。

また、本書の李美淑の論稿でも詳述されているとおり、2017年秋には『ニューヨーク・タイムズ』が映画プロデューサーのハーヴェイ・ワインスタインによるセクハラを告発したことに端を発した運動「#MeToo」が、アメリカから世界に広がり、日本でも言及されるようになり始めた。

本著の執筆メンバーによって結成されたMeDiの活動も、小島慶子が書いているとおり、改めて振り返ればこうした機運に乗って始められ、既存メディアの内部で女性の問題に関心を持っていた女性ジャーナリスト（もちろん男性ジャーナリストも！）や、新しい言論空間を開きつつあったウェブジャーナルの記者たちとの往還関係の中で展開されていったと言えるだろう。

重要なのは、研究者やジャーナリストやアクティビスト以外の女性たちが、自分たちの日々直面する抑圧や性差別、セクハラなどについて不満の声を上げ始めたという点である。

わたしの専門領域であるカルチュラル・スタディーズの理論の中に、「ヘゲモニー」というワードがある。これは、イタリアのマルクス主義の思想家アントニオ・グラムシのワードを、イギリスのカルチュラル・スタディーズの研究者であるスチュワート・ホールらが流用したものである。

「ヘゲモニー」とは、「覇権」などと訳されることも多いが、ある主張やイデオロギーが支配的なポジションを占めるためには、人々による（積極的で主体的な）知的・道徳的・政治的な合意が形成される必要がある、とする考え方である。

つまり、どれほど正しい主張であっても、より多くの後押しがなければ、その主張を通すことは困難になる。そういう意味では、SNSの言論空間は、現代の社会を生きる女性たちの率直で解放された言説を誘発し、浮かび上がった発話を接続し、ある種のヘゲモニーを形成する役割を果たしていると言えるだろう。

ここで再び、このような新たな機運が盛り上がるより前の、個人的な研究史を振り返っておきたい。

2003年に大学院博士課程を単位取得により満期退学して以降、研究者として独り立ちしたわたしは、「わたしたち」としてではなく、「わたし」自身のことばで論文やエッセイを書き始めるようになった。テーマはがっつり、「メディア、ジェンダー、ポピュラー文化」の三角関係についてで、メディア文化論やカルチュラル・スタディーズの理論や手法を扱いながら、マスカルチャーからサブカルチャーまで、現代文化の諸現象について幅広く研究を続けてきた。

ところが、当時、ジェンダーやフェミニズムを絡めたこれらの研究に注目してもらえることはほぼなかった――どころか「フェミニズムの研究など先がないから、やめておいた方が良い」という懇切丁寧な忠告を、諸先輩方から何度も受けることになった。

冒頭の論稿で林香里が書いて（というか、吠えて）いる通り、とりわけマス・コミュニケーション学会の中で、ジェンダーやフェミニズムに関する研究は評判が悪かった。大会のワークショップで何度かメディアと女性をテーマに企画を運営したが、聞きに来てくれるのは第二波世代のフェミニスト研究者の諸先輩方と同年代の女性研究者か、社会学やカルチュラル・スタディーズをかじっている若手男性研究者が少々。一番話を聞いてもらいたい年配の男性研究者や学会内にごまんといるはずの男性ジャーナリストたちが「ジェンダー」だの「女性」だのというタイトルのついたワークショップに参加してくれることはほぼなく、わたしはすぐに活動の場を変更することにした。

新しいフィールドは2003年から運営にも携わっている「カルチュラル・タイフーン」というイベントである。こちらは、年に1回開催される国内外のカルチュラル・スタディーズの研究者やアーティストやアクティビストたちが参集する巨大イベントで、特にフェミニズムやジェンダー研究をメインテーマにしている人たちの集まりではなかったが、ジェンダーやフェミニズムとポピュラー文化に関わるパネルには、いつでも男女問わず関心のある人々が聞きに来てくれた。

特に、2019年6月に開催された「カルチュラル・タイフーン@慶應大学」での河野真太郎、中垣恒太郎、川口遼、梁・永山聡子、中村香住らと企画した「男たちはどうなった？

――コミュ力、イクメン、新自由主義」および「女はすべてを手に入れたのか？――ポストフェミニズム、新たな労働、消費者民主主義」の2本のパネル発表には100名を超える聴衆が参集し、会場内はすさまじい熱気であふれかえった。しかも、オーディエンスは女性よりも男性の方が多かった。

これはいわゆる学会のグループ発表の枠なので、通常であればオーディエンスは20名もいれば多いほうである。企画自体がそれなりに面白そうに見えたのかもしれないが、しかしそれ以上に、2017年以来のフェミニズムの新しいブームがこれほど多くの観客を呼び込んでくれたのだと考えている。

いつどのタイミングで何を語るのか――2003年に研究論文を執筆し始めて以来、わたしは常に同じことを書き続け、言い続けてきたのだけれども、関心をもって聴いてくれる人たちがいるのかいないのかによって、語る声の効果がどれほど違うか、日々実感している最中だ。そしてこのことは、今後のフェミニズムの研究と運動にとって、非常に重要な示唆を含んでいると考えられる。

Girl friendly feminism〈女の子にやさしいフェミニズム〉を目指そう

本書の執筆陣は、第二波フェミニズムのムーブメントにはちょっと遅れて生まれ、2010年代後半の日本での第三波フェミニズムの文化的ムーブメントに乗っかるにはいささか歳をとりすぎている（ような気がする）。

それに、本書の執筆陣の多くはテレビに出演したり、雑誌で連載を持ったり、大学で授業を行うことを稼業としたりしていて、ある種の社会的立ち位置を占め、それなりの発言力を持つ女性ばかりである。

「セレブリティ・フェミニズム」ということばがあるのだが、ビヨンセやエマ・ワトソンほどの世界水準のセレブリティではないにせよ、向かうところ敵なしでばっさばさとマッチョを切り倒していくあの武田砂鉄にさえ、「ちょっと怖い……」と思われるのがMeDiのメンバーなのである（詳細は対談を）。

前節でのエピソードでパネルを一緒に企画したメンバーとは2019年に『私たちの「戦う姫、働く少女」』（堀之内出版）という共著を出版し、MeDiのメンバーとは2年間にわたって信じられないような熱気とともにシンポジウムを主催してきた。

研究を始めて以来、単数形の1人称で執筆してきた「わたし」であるが、ここ数年は「わたしたち」という複数形で、再び語ることができるようになりつつある。とはいえ、「わたしたち」という複数形の主語の中身は、絶対に同一化されたり均質化されたりしてはいけないと考えている。

というのも、自分たちの後に続く女の子たちに説教くさい発言を押し付けないようにしたい、というのがわたしのつねなる願いであるからだ。フェミニズムが女の子たちを「解放する」ための武器であるとするのならば、「～すべき」という単一の生き方を押し付けるのではなく、さまざまな種類の欲望と生き方を承認し、それぞれの生きる場所で、それぞれのおかれた立場から、それぞれの「解放」と権利や財の平等な「配分」を目指すために使われなければならないからだ。

栗田隆子の『ぼそぼそ声のフェミニズム』（作品社、2019年）のような、「イケてない」、ぼそぼそ語るフェミニズムもありだし、派手にAct Upを目指す社会運動だって、新しいタイプのカウンターカルチャーでただひたすら遊び倒すのだってみんないい。どれか一つが中心で残りは周縁、という考えは捨てて、連帯のための討議といろんな角度からの球出しを繰り広げていけば、フェミニズムはより活性化していくのだろう。

女の子たちの問題解決の方法は、たった一つのやり方である必要はない。

だから、最後に一つだけ言いたいのは、「Girl friendly feminism（女の子にやさしいフェミニズム）」でありたいということ。

より若くて、より力のない女の子たちを抑圧しない「なにか」として、彼女たちにとってつねに魅力的な「なにか」として、フェミニズムのことばと活動と運動と理論が瞬《また》き続けていけるにはどうすれば良いのか。

21世紀の新しいフェミニズムの奔流に身を任せながらいつでも心に留めておきたいのは、そんなたわいもないことなのである。

特別対談

03

武田さん、フェミニズムは怖いものですか？

武田砂鉄、田中東子

2019年5月18日【第5回メディアと表現について考えるシンポジウム】が開催された。今回のテーマは「わたしが声を上げるとき」。日本ではいまだ意見を表明したり、抗議の声を上げたりすることに強い抵抗感がある。また勇気をもって声を上げてもバッシングにさらされる。そのような社会をどのように変えていけばいいのだろうか。シンポジウムには、そんな日本で元気に声を上げている方々をお呼びした。2019年1月「ヤレる女子大生RANKING」を特集した『週刊ＳＰＡ！』に抗議し、編集部と対話をしたVoice Up Japanの山本和奈さん、安心して匿名で声を上げる仕組みを作った「キュカ」のウナリさん、ライターの武田砂鉄さん。ここでは再度、武田砂鉄さんをお招きし、メディアとフェミニズムについて、田中東子とさらに議論を深めた。

武田砂鉄　たけだ・さてつ

ライター。出版社勤務を経て、2014年秋よりフリーライターに。雑誌やウェブのニュースメディアで数多くの連載を抱え、インタビューや書籍構成なども手掛ける。著書に『日本の気配』（晶文社）、『紋切型社会』（朝日出版社のち新潮文庫、第25回Bunkamuraドゥマゴ文学賞受賞）、『芸能人寛容論――テレビの中のわだかまり』（青弓社）、『コンプレックス文化論』（文藝春秋）、また又吉直樹との『往復書簡　無目的な思索の応答』（朝日出版社）などがある。

『週刊SPA!』問題

武田 『週刊SPA!』2018年12月25日号の記事「ヤレる女子大生RANKING」がSNSで拡散されると、方々から批判が重なり、「女子大生」という当事者である山本和奈さんらによる署名運動に発展しました。その後、編集部と話し合いが持たれ、『SPA!』は「性的同意」についての特集を組むなどして、この問題に誠実に向き合ったとの印象を世間に持たせました。

現時点での最新号（2019年8月13日／20日号）が手元にありますが、「発情スポットマル秘ランキング」と題した袋とじがついています。開けてみると、――『SPA!』の鉄板企画の一つですが――低予算でセックスできる場所などが載っています。たとえば「性病になりかねない街」として代田橋が挙がっています。「性病の意識が低めな沖縄の女子が夜な夜な集う」と。これ、「ヤレる女子大生RANKING」とまったく同じ性質を持っています。活動地域と出身地という二つの属性を安直に掛け合わせているだけです。

『SPA!』について、先のシンポジウムでは「やっぱりこうやって話し合っていくことが大事なんだよね」ということで話が終わったと思います。あれからまだ半年しか経っていないのに、それまで繰り返してきた雑誌の「筋肉」というか「習慣」が蘇ってしまう。「ヤレる大学ランキングさえやんなきゃいいんでしょー」みたいな感じが伝わってきませんか。

本当ならSNSなどで「これ、ヤバくない？」と問いかけていかなきゃいけないのかもしれないけれど、なんかもう面倒、とも思ってしまう。その判断は間違っていますが、こういうのをいつまで監視し続けなきゃいけないのか、と疲弊してしまう。

田中　『SPA!』問題については、男女、フェミニスト女性も含め、比較的上の世代の人たちの間には、「まあ『SPA!』だからねー」みたいな諦めがあったと思うんです。でも最近の女子学生は『SPA!』を知らないんですよ。そもそも彼女たちは雑誌を読みません。コンビニに雑誌が置いてあることさえ気にしていない。たまたまSNSで流れてきたのを見てショックを受けて、という感じなんです。そのあたりはおもしろいなと思いました。だって『SPA!』って、もはやお兄さんも読んでいない……おじさん向けですよね？

武田　かつての『SPA!』は、会社にも家庭にも社会にもどこか不満や不安を抱えている30代男性が対象でした。彼らがそのまま歳を重ねていき、「不満や不安を抱えたままの40代・50代」が読者となり、雑誌を支えている印象です。今はまだ会社に通っている現役世代でも、そのうち彼らも60代になり会社から出ていく。すでに『週刊ポスト』や『週刊現代』はリタイア世代の雑誌になっています。特集は「死ぬ準備」ばかりです。

自分は今36歳ですが、自分らの世代でも、『SPA!』にはもはやアクセスしていない。20歳前後の女性の大学生が存在すら知らないというのは当然のことです。

ネットに垂れ流される エロ広告

田中　世代的なことを言うと、今の大学生たちはSNSに出てくるエロ広告に非常な不快感を抱いています。あれは昔で言うところの電車のつり革広告のような役割を果たしていると思うんです。私は性的なものをすべて否定するつもりはありません。エロいものが好きな人がエンターテインメントとして楽しむぶんにはいいと思う。でも関心のない人の日常にふっと入り込んでくるものは、やっぱり避けたい。これはメディアによるセクハラです。好んで手にするのと、好んでもいないのにその環境に晒されるのとでは意味合いが違います。この状況をどうフィルタリングしたりストップしていけばいいのか。

武田　Yahoo!ニュースを見ていてもなかなか出てこない話題、たとえば「TOKIO/山口達也/現在」みたいなワードで検索すると、ゴシップ的なサイトに飛び、そこには性描写のGIFアニメーションがいっぱい貼ってあります。即座にそのページに飛ぶわけですが、年齢制限があるわけでもない。

田中　小学生や幼稚園児さえ見ている可能性がありますよね。

武田　はい。TOKIOの山口は今では丸坊主で……という情報が、そういうサイトに飛べばわかるし、彼の写真も見られるんです。その写真、やっぱり見たいと思います。そういうときに、その手の広告が並んでいる。ちょっと危ういサイトだなと思いつつも、「山口、今こんな感じらしいぜ」ってLINEグループでURL

を回せば、「えー！」とポイント稼げるかもしれないわけですから。携帯画面に出てくるエロ広告は嫌だけど、それを超える意味合いが、山口達也の画像にはある。

田中　そうですよね（笑）。画像を見たいがために行った結果……。

武田　みんな乗り越えちゃうんです。その先にもっと見たいものがあるから。

田中　山口君を見たいから、それ以外のエロ画像はもうすべてノイズとして無視する、という人もいると思うけれど、ああいうエロ広告って女の子がパコパコやられているというのが多くて、それがサブリミナル的に彼女たちの意識の中にたまっていくんじゃないかと危惧していいます。私は普段女子学生相手にフェミニズムを教えていますが、大学の授業じゃ追いつけないぐらいの晒されっぷりなので。

武田　女子学生のどれぐらいが、そういうサイトは正式なものではない、と認識できているんでしょうか。

田中　あまり認識できていないと思います。エロ広告の出現領域が広すぎるんですよ。特に日本では芸能ニュースでの比率が非常に高くて、芸能ネタサイトに飛ぶとほぼ確実にそういう広告が出てきます。あとは電子書籍。あれもエロ作品の広告を売りにして客を呼び込んでいますね。70年代、80年代の山手線内ってこんな感じだったんでしょうね。第二波のフェミニストたちが頑張ってくれたおかげで、電車広告における水着やヌードの比重はだいぶ減ってきましたが、それが空間を変えて、ネット上に再現されている気がします。

武田　自分が中学生の頃は、コンビニにも書店にもエロ本がたくさんありました。なかでもコミック雑誌の表紙はたいてい、過度に胸が強調された女の子の絵で、その女の子は犯される側だと一発で伝わるようになっていた。その画像が今は紙よりも様々な電子媒体で垂れ流されている。中学時代の僕らは、「どうやらセックスというのはこういう力関係でやるものらしいぞ」という誤った情報をインプットされ続けていたわけです。で、その状況がまったく変わっていない。

田中　そうですね。

武田　コンビニのエロ本と比べても、SNSから突然クオリティの高いアニメーションが出てくるのって、距離感も近いし、インパクトが強いですよね。

田中　よりパーソナルな空間に突如出てくるわけですからね。

武田　エロ広告でサイトを運営していくのって、そう簡単に止められないでしょうね。

田中　そこなんですよね。もちろんGoogle検索などでは適正度の高いものが上位にくるような操作がされているとは聞いていますが。

武田　だけど「山口達也の現在が見たい！」という人たちのエロ広告に晒される危険はやっぱり避けられない。記事のクオリティが最低限担保されているサイトを飛び越えて見に行くわけですから。外国ではどうなんでしょうか。

田中　中国は相当規制していると思います。たとえば同人誌の場合、日本ではエロ漫画を描く人が非常に多いですが、中国では下着も水着もダメです。一コマでも裸体が描かれていたら、検閲されてそのまま持っていかれちゃう。中国は独自のSNSを作っていますが、そこではそういうことは起きていないでしょうね。だからといって中国のSNSに問題がないわけではなく、別の形の問題があると思うんですけどね。

「乃木坂46」が清楚という価値観

武田 今、とても話題になっている『エトセトラ』という雑誌をご存じでしょうか？　立ち上げられたばかりの出版社「エトセトラブックス」が刊行しているのですが、その創刊号の特集「コンビニからエロ本がなくなる日」に寄稿しました。原稿を書いた頃、台湾にいたので、台湾の街中で「エロ要素」を探そうという目で、あちこち歩いてみたんです。結局、どこにも見つけられませんでした。コンビニにエロ本なんてないし、渋谷や新宿のような繁華街に行っても、いわゆるロリロリな女の子のイラストは目に入ってこない。東京を歩いていたらそういうのがいくらでも目に入ってきますよね。ああ、あの環境にすっかり慣れちゃってるんだな、という驚きがありました。

本来ならばようやく到達できるものが、日本では表出している。だからネットでふいに度を越したアニメーションが出てきても、深刻な心的ショックを受けるというよりは、これはさすがにひどいなあ、という程度で、流してしまう。

私たちが今、ロリ的なものに抵抗感がないってなぜなのか。少なくない影響を与えたのが秋元康でしょう。「極力若くて未熟なうちに人前に晒すのが、女の子として、もっとも喜ばしいことなんだ」というカルチャーを、ずっと植え付け続けてきた。

田中 そうしたアイドルへの抵抗感のなさと、日常におけるロリ絵の氾濫って、一直線上にありますね。

武田　たとえば「乃木坂46」って、「ＡＫＢ48」と比べれば清楚な集団ということになっているでしょう？　男性たちに操られている女性の集団という意味では何の変化もないけれど、これまでと比べてなんとなく清楚、という文脈で何が語れるというのか。麻痺していませんか。

田中　乃木坂46のもう一つの問題点は、女性ウケが非常にいいということです。女子学生の憧れなんですよ。「ＡＫＢ48」のメンバーは『週刊少年マガジン』など男性誌の表紙を水着で飾ったりしていましたが、乃木坂の場合は女性誌で「ファッション雑誌のモデルさん」みたいな売り方をしていますから。

武田　それも秋元さんはわかってやっているんでしょうね。

Ｋ-ＰＯＰアイドルに憧れる女子大生たち

田中　今だと「乃木坂46」と、Ｋ-ＰＯＰの女の子グループ、「BLACKPINK」や「TWICE」がすごく人気があって、女子学生はみんなああいうメイクをしたいと憧れています。

武田　とすると、女子学生にとっては、このところの日本の一部右派論客が焚き付けている韓国への乱暴な考え方は、あまり影響がない感じでしょうか。

田中　そうですね。韓国好きな子は多いですよ。みんなメイクが韓国アイドルっぽいんですよ。赤い口紅にストレートのバキッとした黒髪。洋服も韓国の通販サイトで買っているようです。渋谷の１０９に入ると、Ｋ-ＰＯＰが大音量で流れてますしね。

武田　いい傾向ですね。女性誌でも「オルチャンメイク」がよく取り上げられています。

田中　一般人のレベルでは、日韓の距離は縮まり、ネットワークは緊密になっていると感じます。K-POPが好きな子は、普通に韓国語の単語を混ぜながらバンバンしゃべったりしている。だから、乃木坂に憧れる一方で、K-POPの女性アイドルのやや強めな媚びないスタイルにも惹かれる。K-POPの女性アイドルは、日本の男子ウケが悪そうじゃないですか。

武田　『82年生まれ、キム・ジヨン』（チョ・ナムジュ著、斎藤真理子訳、筑摩書房）も、K-POPの女性アイドルが読んでいたのを一つのきっかけにして、SNSで広がったと聞きました。

田中　アイドルが褒めたから読んだという日本の女の子もいるんですよね。

武田　韓国のカルチャーに偏見なく素直に入っていった人が、そこをきっかけに、社会問題や女性の生きづらさといったテーマにアクセスする、韓国カルチャーがその回路になりうるのなら、それはすばらしいことですよね。

田中　そうですよね。『文藝』（2019年秋季号、河出書房新社）で訳者の斎藤真理子さんと鴻巣友季子さんが対談したのを読んだのですが、韓国の女性からすると、「キム・ジヨン」はちょっとおとなしめなんだそうです。たしかに韓国の女性ってもう少し感情豊かで、怒るときは怒るし、笑うときは笑う。でもこの本の主人公は従順で控えめ。そこが日本でも受けている理由なんじゃないかと言われていて、納得がいきました。

武田　なるほど。従順で控えめであること自体、本来はもっとページを割いて説明があってもいいぐらいのことだったと。

田中　堪えて堪えて、それで壊れちゃうみたいな感じ。そういうところが日本の女の子にも共感できて読みやすいところなのかな、と。

「乃木坂」と「K-POP」のあいだ

田中　日本の女の子ってやっぱり怒らない、ものをはっきり言わない。どこでこんなに調教されてしまうんだろうと思うんですけど。

一度ゼミで「女の子らしい女の子ってどういう子？」と学生たちに聞いてみたら、最初は「サラダが出たら取り分ける」とか「いつも笑顔を絶やさない」「周囲に配慮ができる」と言っていたのですが、途中からだんだん「男ウケのいい女」とか言い出したんです。男性にとっての女性らしさを振舞えるのが女性らしい女性だ、と言う。

さらに「でもこんな女の子いたらさあ、友だちになりたくないよね」と言い出したので、「ちょっとごめん、質問の仕方が悪かったかもしれない。自分が親友になりたい女の子ってどういう人？」と聞き直したら、まったく違う意見が出てきて。「自分をしっかり持っている」「意見をはっきり言える」「芯が強い」「向上心が強い」「知性がある」というのが出てきた。それを聞いて、精神構造が二重化している、と感じました。一方では男性目線を通過した女性でなければならないという規範があり、他方では男性受けばかり気にしているようなそんな女性とは仲良くなりたくない、という二重意識が色濃くあったんです。

武田　たしかに『with』や『MORE』のような女性誌を読んでいると、乃木坂的なものと韓流ポップス的なものが同居していますね。「彼ママコーデ」という特集があるかと思えば、「私が私らしくいるために」という記事が載っている。結局彼女たちはどうしたいのか。就職活動が始まれば、乃木坂方面に流れていくのでしょうか。

田中　そうですね。どっちでいるのが得なのか、場面によって使い分けている。過渡期なのかもしれません。

武田　そこは希望を感じてもいいんですかね。

田中　環境によって、どっちのほうにも彼女たちは行ける。ちょうど境界線上に立っているのだと思います。

武田　5月のシンポジウム「わたしが声を上げるとき」でご一緒した山本和奈さんは今、チリに行かれているそうですね。少しお話ししただけですが、世の中の慣習に合わせたほうがいい、という発想が一切なく、とてもかっこよかったです。多くの若い女性たちがああいうふうになりたいと思ってくれるといいですね。

田中　山本さんにはあの後、大妻女子大の60〜70人規模のクラスで講義していただきました。学生たちからは、「すごくかっこいい」「憧れる」という声が多かった。「私はあそこまで頑張れない」と言う子も少数いましたが。だから、何か刺激を受けたり環境要因が変われば、日本の若い女の子たちもガラッと変わるんじゃないか。そういう期待を持って教育活動をしているところです。

ただ、大学内でいろいろと刺激を受けても、就職活動となると、これがねえ。潰されるほどではなくても、やっぱり女性ということでつらい扱いを受けて帰ってくることが多々あります。

武田　やっぱり社会の問題なんですよね。受ける側ではなく面接官側を変えないと、彼女たちは「乃木坂」にならざるを得ない。だから自分のようにメディアの問題点について多少なりとも書く者は、面接官側を少しでも変えるための視点を持っていなければならないし、変わらない人・組織に対して「まだそんなことやってんの？」と言い続けなければならないのだろうと思います。

最近の吉本興業の問題にしても、掘っても掘っても奥のほうからギラついたおじさんばかりが出てくる。闇営業をしたことを受けて、宮迫博之たちが会見しましたが、会見の中身というより、有名な男性芸人とすさまじい権力を持っている男性経営者という芸能界の構造が、絶望的に映ったんじゃないでしょうか。

田中　日本の場合、若い女性も抑圧されてハラスメントを受けているけれど、若くて力のない男の子も相当なハラスメントを受けていることが、はっきりしたと思いましたね。そういうのを乗り越えて立派な「オヤジ」になるんじゃー、みたいな。なれないやつは負け、という構造が根深くあるんだな、と。

弱者切り捨て社会はいつ始まった？

武田　あの会見を大絶賛し、「これで芸能界は変わるんじゃないか」なんて言っていた〝評論家〟が多くいたことに驚きます。吉本興業の若い芸人たちは今まで散々、「お金を事務所に持っていかれる」「多少売れても給料が増えない」なんてネタを続けていた。つまり、若い芸人さんたちはずーっと屍になり続けてきた。それなのに、人気芸人が窮地に立たされたとたん、みんなが助けにきてくれる。あそこで真っ先に考えなくてはいけないのは、今まで名もなき芸人たちがたくさん消えてきたぞ、ってことなんです。それなのに「よくぞ大御所が前に出た！」みたいな感じになっている。どうして強者同士の戦いに、みんながあれほど体を預けてしまうのか。

田中　すごく日本的ですよね。弱者に対していつからこんな厳しい社会になってしまったのか。フェミニズム問題はもちろんですが、生活保護受給者や在日外国人、病気の人といった弱い人たちの視点に立つことがいっさいない。それこそ宮迫ぐらいの適度な強者の視点に同一化するのが気持ちいい、という傾向が、もうかなり続いている。それがSNSの時代になって、いっそう目につくようになりました。

ずっとこうだったのか、それともどこかのタイミングでこうなったのか。一般的には、小泉政権の頃からネオリベラリズム（新自由主義）が台頭し、弱者切り捨ての考え方が蔓延していったと言われますけれども。

武田　小泉純一郎や竹中平蔵はそれを露骨に可視化させましたね。

田中　最近で言うと、れいわ新選組の2人の参議院議員に対して、自民党の小野田紀美議員が「議員特権になりませんか」というTweetをしていました。研究のために、Tweetについているリプを読むのですが、同じトーンで口汚く罵っている人がかなりの数いるんですよ。

武田　でも、そのリプを書き込んだ人たちが社会的に強者かというとそんな感じはまったくしない。そこが不思議なところです。たとえば強者であるホリエモンや幻冬舎の見城徹が強気になるのはわかります。でも彼らが罵る相手を一緒になって罵るという、それによって得られる安心感、安堵みたいなものをなぜ選んでしまうのか。

田中　自分よりさらに弱いものを叩くことによって、一瞬でも自分のポジションを上げたいというメンタリティがすごく広まっている。

武田　ロケット開発に勤しむホリエモンですが、彼はかつて「保育士なんて誰でもできる仕事」と述べた。仕事の詳細を知らないでそういうことを言う。ではこちらが「ロケット開発なんて誰でもできる」と述べたらどうでしょう。怒るんじゃないでしょうか。強きものが弱きものを叩く、たとえば生活保護バッシングみたいなものに加担してしまう人が多くいる。この流れともつながっていると感じます。

田中　そういう弱者叩きは、ほんとうにやめてほしい。

武田　私たちは誰もが明日突然、交通事故に遭うかもしれないし、何がしかの障害を抱えるかもしれない。そうなったらたちまち、これまで通りの生活ができなくなります。だから、障害を持つ人たちが政治家として意見を言うことはとても大切なことですよね。

田中　もっとも弱い立場のかたが生活しやすい社会というのは、私たちみなにとっても生活しやすい社会であると思うのですが、そういう思考を阻害する何かが今の日本社会にはあるのだと思います。単に想像力が欠如しているからなのか、それとも想像することを恐れさせるのか。

武田　社会の抑圧がすごく強い。入り口で失敗するとマジヤバいぞ、っていう空気がある。だからこそ女子学生も就活ではオルチャンメイクから乃木坂メイクに戻るわけです。

田中　抑圧は強いし、一度失敗すると戻るのは不可能だし、誰も助けてくれない。伊藤詩織さんの『Black Box』（文藝春秋）は、就活セクハラと紙一重だと思いました。まさに同じことが就活の現場でも起きている。彼女はジャーナリスト志望ということもあって、非常にダイレクトに闘う道を選択しましたが、その結果身の危険が生じ、日本で暮らせなくなった。これは「あいちトリエンナーレ」の問題とも同じだと思いますが、民主主義的な原則に基づいて正しさを主張する立場に立つと、脅迫される社会になってしまった。「ここに問題がありますよ」と提示した瞬間、この社会では生きていけなくなる。

武田　一発アウトになるんです。

田中　道を踏みはずしたり、ルーティンから抜け出してはいけない。決まりきったところで生きていかないと、アウトになっちゃう。

武田　トリエンナーレの件も伊藤詩織さんの件も、たどっていくと発信源の人物は似たようなところにいる。現政権と非常に距離が近い人たち、というのが、ここ最近の異様さの特性です。今まではこういう案件が生じても、ピンポイントで取り除けばまだ改善の余地があったのですが、今はそれが権力と混じり合っている。

田中　日本会議のような保守主義の運動は、ものすごく時間をかけて教育や言論の世界に影響を与え、私たちの社会の隅々に根を張ってきています。

武田　トリエンナーレの件も、河村たかし名古屋市長や松井一郎大阪市長などがクレームを入れたのがスタートですからね。それで世の中がひっくりかえっちゃうんだから、彼らの爽快感は半端ないと思う。

田中　ネット上には日本会議的な発言と、それを批判する武田さんはじめとする人たちの発言との両方が並存しています。でも現実には、極右的な発言をしている人のほうが「いいね」を多く獲得している。

武田　本来、並存するレベルの発言じゃないんです。あいちトリエンナーレの件で言えば、松井一郎は展示された「平和の少女像」について、「強制連行された慰安婦はいません。あの像は強制連行され、拉致監禁されて性奴隷として扱われた慰安婦を象徴するもので、それはまったくのデマだと思っている」と主張している。表現の自由を議論するテーブルにあげるべき意見ですらない。なのに、あっちのほうの意見が強くなっている。

田中　知性主義的で人道主義的な善悪の判断がないがしろにされて、「いいね」の数が正しさを可視化していると考える世界では、やっぱり向こうのほうが強いんですね。

武田　百田尚樹『日本国紀』（幻冬舎）のコピペ問題を指摘していた作家の実売部数を晒した見城徹のように、数値が多ければ正義になる。数値が少なければ叩かれる。ほんとスゴイ世界です。

でもこのままでは、さまざまな学問などを通して検証されてきたあらゆることの過程が、話者が持っている影響力によって「デマや」の一言で潰されてしまう。

田中　一般的に、私たちは知識や情報を十分に持っている人が持っていない人々に対して権力を振るう、と考えがちですが、セクシュアルハラスメントなどの場合は、むしろ知識のない人、無知な人が暴力を振るうのだ、とセジウィックが言っています。そういう人たちに対して、言論を武器にしている私たちはどう闘うことができるのか。

武田　いやほんとにどうしたらいいんですか、って聞きたいぐらいです。

歴史問題の途方もなさ

田中　歴史問題とフェミニズム問題ではまた違いますしね。フェミニズムの場合は、『82年生まれ、キム・ジヨン』のように読みやすい形のものを出し続けていくことによって、少しずつ支持や支援を広げていくことができると思います。しかし、歴史問題の場合は時間をかけてしっかりと検証を積み上げていかなければならないし、修正主義者への説明や説得にも時間がかかる。けれども、今のように高速度の情報と言論の形成プロセスのなかでは、じっくりと闘うことが難しくなってきています。

武田　今ちょうど、書評用に加藤直樹さんの『TЯICKトリック「朝鮮人虐殺」をなかったことにしたい人たち』(ころから)を読んでいるところです。様々な資料にあたり、雑誌や書籍、ネットで流布している情報の多くがデマであることを暴いていく。追っていくと、ある段階で、「悪かった朝鮮人もいる」という表現が出てくる。そりゃ暴力を振るったりトラブルを起こした人はいたと思います。どこかの文献に「暴れている朝鮮人がいた」と書かれていれば、それを拠り所にして、だから虐殺があっても致し方なかったんだ、という方向性が生まれてくる。

田中　それ以外の可能性というかあったことが、もう全部背景化してしまうんですね。

武田　1000の事例のうち暴れる人が1人でもいたら、1と1000が同じテーブルについて話し合わなきゃいけない。それが歴史問題のややこしさであり、途方もなさです。

田中　歴史問題に関する横暴な修正主義者たちとの闘いは、正直砂漠に水をまくような気の遠くなる思いになってしまいますが、フェミニズムでも同じように感じられますか。

武田　テレビの分野で言うと、さすがに今の芸人さんたちは、女性芸人の胸をいきなり揉むとかお尻を摑むといった行為をしなくなってきました。その理由は一概には言えませんが、外からの批判が少しは機能している部分もあるのではないかと思います。女性芸人さんたちの中に、渡辺直美さんのように「私は私ですので！」という姿勢で大成していくモデルケース、つまり男性芸人に「ブス！」とか「結婚もできひんのやろ、おまえは！」とか言われなくても生きていける見せ方が増えてくれれば、視聴者たちの意識も変わっていくと思います。

でも、それをまた差し戻そうとする動きが芸能界にはあったりします。徐々によくなっていると思えるように、やっぱり自分のような人間が一つひとつの事案に対して、外から「え、それは変ですよ」と言い続けていかなきゃいけないのだと思います。

田中　女性芸人さんの数は年々増えてきているので、「ブスいじり」をネタにしてのし上がりたい人がいる一方で、そうじゃないタイプの女性芸人さんの居場所もできつつあるように感じます。女性芸人の売り方も、さらに数が増えれば多様になっていくのかもしれません。

武田　芸人がやっている深夜ラジオでは、「ブス」「デブ」「ヤレる・ヤレない」みたいなことがまだまだ平気で流れ続けます。自分も学生時代からそれを聴き続けてきましたが、若い芸人のラジオでは、そういう感じでもなくなってきた。これまでの芸人たちの手癖を切り替えよう、「別にそういう方面で笑わせなくても、おもろいこといっぱいあるっしょ」みたいな人が軽やかに出てくる期待はありますね。

「手癖」問題にどう挑むか

田中　今「手癖」とおっしゃいましたが、ジェンダーについて考えるときにすごく大事な言葉かもしれません。冒頭の『SPA!』の記事が半年でもとに戻っちゃう問題とか、女の子が結局乃木坂メイクに戻るみたいなことを考えると、楽だからこれまでの型をやり続けてしまうことってありますよね。

武田　会社にハゲている上司がいて、飲み会で、なんとなく場が滞ったなと思ったらとりあえず彼のハゲをいじれば場が戻る、みたいなことと同じなんですよね。

田中　飲み会で女の子がサラダ取り分けるのも、男の子も取り分けてほしいなんて思っていないし、女の子も別に取り分けたいと思っているわけじゃないんだけど、なんか……。

武田　場が進む、ってことですよね。

田中　そこがやっぱり物事を変えようとする動きのストッパーになってしまう。

武田　それはあるでしょうね。でも、常にパトロールして手癖になる寸前に突っ込むというのは、やや越権行為になることが多いじゃないですか。「はい、それセクハラです！　ピピピー」とかやると、怖い人に思われたり、いやいや、この場では、同意できていることなんだし、いいでしょ、ってことになる。

田中　でも個人レベルでは、みんなの手癖が出そうだなという場面で先回りしてちょっと違う動きをパフォーマンスとしてやることはできる気がします。たとえば私と武田さんが出る飲み会で、武田さんがおもむろにサラダを取り分けるとか（笑）。きっと「おおー」という感じになるはず。

武田　自分はお酒を飲まないので、飲み会で「えっと、とりあえずみんなウーロン茶でいいかな?」ってわざと言うとみんな動揺するんです。そういう、ちょっと、手癖を変換する行為はいろんな場面でやっていかないといけないですね。

本以外のチャンネルでどう伝えていくか

田中　個人レベルではそういうパフォーマンスを通して、型どおりにやらなくてもいいことを伝えられると思うのですが、文章を書いたり教育の場に立ったりする者として、どうやったらマクロな構造のほうに楔を打っていけるのか悩みます。

武田　たぶんこの本も、読んでくれるのはもう8割方「わかっている人」なんです。そういう人たちが筋力を絶やさずに、もっと力をつけてもらうことは大切なことです。でも、そもそも筋力自体を持たない人に、どうやったら最初の筋力をつけてもらえるか。一体どこに彼らに届くチャンネルがあるんだろう。

田中　今どんな雑誌に連載を持たれているんですか？

武田　男性誌から女性誌まで、わりと何でもトーンを変えずにやっています。『ｗｉｔｈ』には結婚をテーマについて書いてほしいと言われたので、「結婚式で、名前入りのバルーンを出す人っていますよね。自分の経験上、あれを用意していたカップルは2組中2組別れているんですが、どう思いますか」なんて書いています（笑）。どこまで支持されているかわかりませんが、1人くらい逆張りしている人がいてもいいのかな、と。

田中　でも案外、同調圧力に流されながらも、なんだかちょっと違うような気がするって考えている読者はいて、その人たちが武田さんの文章に引っ掛かってくれるような気がします。

武田　さっき話したみたいに、そもそも「わざわざ雑誌を読む」という時点でイレギュラーではあるので。そこですでに親和性がある。

田中　活字を読む人が、今本当に少ないですからね。だから活字に頼らず伝えていくということも、大事なのかもしれません。

武田　水原希子さんやローラさん、芸能界から発言する人たちが出てくるのはとても大事です。そういう人たちに影響された人たちに「こういうこと考えてくれませんか」「発信してくれませんか」と、伝えていくことは重要になってくると思っています。

田中　『さよなら！　ハラスメント』（晶文社）の武田さんと小島慶子さんの対談でも、そういう発言をした人を一斉に褒めることで孤立させないことの大切さをおっしゃっていましたよね。

武田　田中さんのゼミの学生さんたちが、「こういう女の子は嫌だ」とはっきり発言していたと聞いて、希望を感じます。みんな、ある程度わがままでいていいと思うんです。その心の声を排除して「乃木坂」的なものに染まろうとしていると、そのうち本当の気持ちはふわーっと溶けてなくなっちゃう。

田中　ただ、彼女たちもやっぱり大勢の前では本音は言いません。ゼミで本音が出たのは、1年間同じメンバーでやってきてお互いのことがよくわかっていた、すごく安全な空間だったからだと思います。

武田　時間がかかってようやく出てくる言葉なんですね。鴻上尚史さんのエッセイで読んだのですが、ある子役のオーディションを開いたら、参加していた子どもたちが持参した水筒にまったく口をつけない。見かねて「飲んでいいよ」と言ったら、一斉に飲み出したからゾッとして、「飲んじゃいけないって、先生に言われてるの？」と聞いたら、みんなが「そうだ」とうなずいた、という話がありました。

田中　私もその話を読んで、大学でのことを思い出しました。授業中に学生が「トイレに行っていいですか」って聞いてくるんです。トイレについては「自分のタイミングで、私の話を妨げないようにこっそり行ってほしい」と最初に伝えていたのにもかかわらず聞いてくる。高校までの教育現場では、トイレというのは許可をもらって行く場所だったのでしょうね。そんな教育を受けたら、自分が本当に思っていることなんて、とても口にできないです。

武田　道徳の教科書には、みんなで一緒に大きなことを成し遂げよう、という話が多いですよね。「おおきなかぶ」をみんなで引っこ抜こう、みたいな。一緒になって一つのことを成し遂げるというのは大切なことではありますが、自分の言いたいことをきちんと言う人や、理不尽なことに怒りながら何かを成し遂げた人、というような物語をもっと入れていくべきです。

田中　少し前にやったブックトークイベントでは、『82年生まれ、キム・ジヨン』の主人公は非常に孤独なのではないか、という意見が出ました。友だちはいるけれど、似た境遇の女性同士で連帯して何かを成し遂げるということがなく、社会からポツンと切り離された状態に置かれ続けて、最後はメンタルが壊れていってしまう。社会の中で問題にぶつかったとき、逆にみんなで連帯して「おおきなかぶ」を抜く、みたいな方向にまったくならないというのも問題だと思います。

武田　問題があったときに集って考えていけばいいのに、今は、問題があると判断されると、集団から孤立してしまう。本来は、普段はそれぞれでいて、「なんか私ヤバいんだけど」となったら「え、大丈夫？」「話し合おうよ」「一緒にやろうよ」となるべきなのですが、問題があったら「じゃあもう、私たちとは一緒にやれませんね」となる。

田中　一発アウトルールですね。そこも多くの女性が無意識的に感じていて、問題があっても声を上げると排除されてしまうから表面化させないようにしようとか、私1人が我慢すればというメンタリティにつながっている気がします。
　今回、なんとかそのあたりを変えることはできないだろうか、と集まったのが本書に寄稿したメンバーたちなんです。表舞台で活躍している人も多いので、ちょっと派手にシンポジウムでもやってメディアに少しでもアピールできれば、女性たちが声を上げやすくなるのではないか、と。

ぼそぼそ声の女性たちの声

武田　なるほど。自分は、これまでもみなさんがお書きになるものを読んできましたが、こうやってお名前がずらっと並ぶと、心の奥底でちょっと怖い、と思ってしまう。それって何なんでしょうか。

田中　結局、全員強火系のエリート、勝ち組の女性たちってことだからでしょうか。

武田　自分の主語でしゃべって、自分で生活をして、動かしている。

田中　「キム・ジヨン」は逆に負け組の人でした。愚直に取り組むんだけど、就活もうまくいかない。登場するお母さんもお祖母さんもそう。だから読者はどこかに自分と同じ人を見つけることができる。そちらのほうが圧倒的多数ですからね。

それで言うと、栗田隆子さんの『ぼそぼそ声のフェミニズム』（作品社）、いいですよ。

武田　『朝日新聞』の書評で斎藤美奈子さんが「どこにも出口のない本である。しかしその分、ラジカルな問いを含んでいる。覇気がない？だから何？　いじいじ、ぼそぼそからすべてははじまるのだ」と書かれていました。

田中　栗田隆子さんはガラスの天井なんかまったく縁のないところで本当にぼそぼそと生きている人として、女性の問題を考えている。ある意味、本書の執筆陣とは対極のところにいる女性たちを代弁しようとしているのかもしれません。

武田　連帯して、大きなマグマにしていかなきゃいけない。シングルマザーの2人に1人が貧困で、今日明日をどう生きていくかに四苦八苦している時代に、ポジショニングで云々、と言っている場合ではないので。

田中　私は10年以上前に埼玉の女子大に就職しましたが、そこで衝撃を受けました。目の前に、勉強することや社会で成功することをいっさい期待されてこなかった女の子たちが現れた。定員割れギリギリの学校でした。そこで私は初めて、自分がいかに特殊な世界で生きてしゃべったり書いたりしてきたのか、とものすごく反省したんです。それ以来、そういうなんとかして負けないように生きていこうと思いつつ、そうはいっても努力をおしまずバリバリ頑張るというほどでもない女の子たちに届く話し方をしたいと考えています。

武田　その大学で田中さんは彼女たちに届くチャンネルをどんなふうに探したのですか？

田中　彼女たちは「学ぶことは生きる力になる」ということを誰からも教わってきていなかったので、そこを根気強く伝え続けましたね。あとは、肯定されて育てられてきていないと感じたので、とにかく褒めた。一つひとつを褒め続けるということからやりました。彼女たちは、「○○ちゃんは女の子だから、学校なんてどこでもいい」というような感じで、きちんと受験勉強をした経験もなかったんです。

武田　親としてはとりあえず大学に行ってほしい、で、その間に彼氏をつかまえて、結婚して、早めに子どもを生んでほしい、というような。

田中　仕事だって長く続けたいとは思っていないです。勉強によって自分の人生を切り開くという発想がない。要するに自分の人生と大学で勉強することの関連付けが皆無なんです。オープンキャンパスをやっても、お母さんたちも教育に関心がない様子でした。

武田　たとえば、普段自分が見ているTwitterの雰囲気からすると、安倍政権は5、6回つぶれているはずなんですよ。選挙で勝てるはずがないし、投票率も90％は超えているはず。なのに実際には投票率は50％を切っていて、政権も維持されている。

これがSNSの恐ろしいところです。自分たちが身を置いているのはどういう環境にあるのかを意識して、そこからどう違うゾーンにアクセスし、1人でも2人でも新たに考えてもらえるかが重要。「まだ安倍かよ」って自分たちの周辺だけで言っている限り、安倍政権は続くことになるんですから。

田中　クリティカルな活動をしている人たちも、結局はいつものメンバーといつもの言葉でしゃべって、「やっぱそうだよね」って合意しあって気持ちよく終わってしまっている。簡単には共感してもらえないところにどう切り込んでいくかが問われていますね。

武田　自分とは違う感覚の人たちがどう考えているのか、新聞で言えば読売とか産経がどう書いているかは、常に意識して確認しておかなくては、と常々思っています。

フェミニズムが怖がられるのはなぜ？

武田　編集者時代、北原みのりさんと上野千鶴子さんと信田さよ子さんの3人が登壇されたイベントのサポートに出向いたことがあったのですが、みんなで赤い服を着てこようと呼びかけられていた。その光景を後ろから見ていて、ここには入れない、と思ってしまったんですね。

バンバンぶった切って、会場がとにかく盛り上がっていく。

でもですね、この「ここには入れない」って、日頃、男性が女性に対していくらでも浴びせかけてきた状態なわけです。たとえば今回の本のメンバーでシンポジウムをやるとしたら、自分は開演時間ギリギリに行くかもしれない。それは、男性が埋め尽くしている大きなシンポジウム会場に女性が1人で参加しなくちゃいけなかったら、ギリギリに行きたいと思うのと同じ。でも、その機会が圧倒的に多いのは、男性である自分ではなく、女性なのです。そのことを繰り返し考えなければいけない。

田中　全員が赤い服を着ている怖さって、フェミニズムが気をつけなければいけないポイントでもあるなと思います。私が一つ前のフェミニズムでちょっと嫌だなと思っている点が、「こういう女性になるべし」というイデオロギーに行ってしまったことなんです。男に媚びてはならぬ、と言われても、状況によっては、媚びなくては生き延びられないという局面だってあるわけです。すべて十把一絡げに「ハイヒールは履くな」とか「ミニスカートは履くな」「メイクが濃い女はダメだ」と言われる。古い世代はそういうところに行き着いてしまった感じがあります。

昨今また少しフェミニズムが盛り上がっていて、古い時代を知らない子たちが増えてきています。私の世代は中途半端なんです。上の世代のやってきたみんなで赤い服を着て戦う、みたいなことはちょっと嫌だなと思うし、今の若い子たちからするとすでにおばさんの年代なので。でも若い子たちにはより開かれた形のフェミニズムを維持していってほしい。

武田　全てをぐちゃぐちゃにすればいいと思うんです。かつての世代と自分たちの世代がやってきたことと、さらに若い世代がやっていることと。決して条件闘争にするんじゃなくて、つまみ食いでもいいという柔軟な姿勢で。以前、あるジャーナリストが「なぜ右翼が流行るかというと、彼らはすごく褒めるからだ」と言っていて納得する部分がありました。「一方、左翼はすぐ揉める」と。

田中　結構優秀な女性たちが、どんどん右に吸い寄せられるのは、褒めてもらえるからですかね。若い女の子の頑張りを右翼のおじさんは褒めてくれる。左翼って、勉強してなんぼみたいな世界ですから……。

武田　「え、これも読んでないの？」なんて言われる。とりあえず自分の考えを表明しようとしているのだから……。

田中　それだけで、褒めてあげればいいのに。「よし、一緒にやろう。あとは一緒に勉強していこう」でいいはずですよね。フェミニズムも似たところがあると思います。「あの本読んでないの」「○○さんのこと知らないの」とマウントの取り合いになることもある。自分だってそうなりがちな危うさは感じるので、ゆるくゆるく行きたい。若い女の子がちょっととんちんかんなことを言っても、社会問題に興味を持ってくれただけでよし、みたいなところから再立ち上げしていきたいと思っています。

フェミニズムブーム、再来？

田中　それにしても、出版方面が元気ですよね。フェミニズムの本がこれだけ次々出てきて売れるっていうことは、近年なかったと思います。

武田　この社会に疑問を持っていて、それに対する考え方を書籍から探そうとする女性が増えてきているような気がします。

田中　アメリカで、SNS時代になって女性作家の本が売れるようになったという研究結果があるそうです。かつての出版・書評業界はやはり男性作家優先のシステムだったけれど、もともと本自体を読むのは女性のほうが多かった。そこへ来て今まで書評を書かせてもらえなかった女性たちがアマゾンなどウェブのレビューを書き始めたところ、女性作家の作品がバンバン売れ出した、という。いかに出版業界が男性中心であり、男性作家を中心に取り上げて推していたかということです。女性作家の場合はある程度美人じゃないと推されない、というようなところもたぶんにあったはずです。今は、女性の書き手が世に出やすくなったし、支持されやすくなっていると思います。

武田　書店でトークイベントを開いても、テーマに限らず女性のほうが来てくれます。終了後に「今、こういうことを考えています」と話しかけてくれます。男性の中には、わざわざ出かけていって勉強する、というのはプライドが許さない、なんて考えもあるのでしょうかね。あまり簡単に区分けしてもいけませんが。

田中　2012年に『メディア文化とジェンダーの政治学——第三波フェミニズムの視点から』（世界思想社）という本を出したのですが、当時はあまり反応がなかったのに、去年ぐらいから「読みました」と関心を持って声をかけてくださる方が増えてきて。7、8年前とここ1、2年では、フェミニズム的なものへの反応というか空気がまったく違うんですね。これは何なんでしょう、ブームなのでしょうか。

武田　財務省官僚のセクハラ事件のときにも、女性アナウンサーが「これはおかしいんじゃないか」と声を上げていた。とても現代的な、いい傾向だと思います。それまでなら、事案が事案なだけに、これはさすがに口にできない、という感じがありましたが、ああいうふうに発言する人が出てきたというのは、重要だと思いますね。

田中　30、40代がそこそこポジションを得てきたからなのかしら。

武田　あのとき発言した女性アナウンサーたちは30代で、キャリアを積んできた実力者だから、という部分はあるのかもしれません。

田中　「一発アウト」になっても自力で生きていける人じゃないと言えないでしょうね。有働由美子さんも、言いたいこと言って切られても、私は私で食べていけるという確信があったと思います。とはいえ……。

武田　強者でなければ生きられない、ということになってもいけないですからね。入社1年目の若い女性アナウンサーが、アナウンス力は未熟であっても「このセクハラはおかしくないですか」と言えるような環境をつくっていかなきゃいけない。女性芸人さんにしても、どんなに稼げていなくても「触るのやめてください」と言えるようにしていかなきゃいけないと思います。

田中　そこはまだまだですね。むずかしいなあ。でも『82年生まれ、キム・ジヨン』みたいな本が売れるっていうのはやっぱりうれしい。『文藝』も重版したんですよね。売れるって一つの正義ではあると思うんですよ。

武田　今の日韓の状況にもかかわらず、ですからね。韓国と日本は、フェミニズムでつながっていることを文学の世界で見せられるというのはとても頼もしいことですよね。

田中　韓国でも、国民の全員が政府のやり方を支持しているわけではないという、今までにない感じがあります。そこは冷静に切り分けようという議論が起きている。日本の場合はあまり議論にまではなりませんが、そうした雰囲気はあるように感じます。メディアでは連日韓国批判が流れているけど、TWICEはかわいいからね、みたいな。

　私の大学でも、今、第二外国語に韓国語を選ぶ学生が一番多いんです。フランス語、ドイツ語はかつてほど人気がありません。遠いしむずかしいし。韓国語はもう大入り満員で、場合によっては18歳の時点でかなりしゃべれる人がいる。

武田　それはアーティストの話を直接理解したいから?

田中　そう。字幕がつく前にドラマやオーディション番組を見たいからなどという理由からです。すごいですよね。

武田　でも、今の日韓の状況を見ていながら、「揉めるのはやめようよ」とは言わないのでしょうか。

田中　そこまではっきりとは……。いつから反対することがかっこ悪いことになってしまったのでしょうか。

武田　自分は学生時代からずっとロックを聴いていますが、権力なんかくそ食らえ、という態度が通底しています。でも、今のロックを一括りにはできませんが、今こうして生きている社会に対して、というより、「自分（たち）の生活」をテーマにした曲がすごく多い。こちらはずっと、そうではない音楽を聴いてきた。社会に厳しい視線を向けるのって普通でしょ、と思っているので、なんでそんなに黙っているの、と見てしまう。これだけ、自由であることを制限する政策が重なっているのに、まだ怒らないのか、とこっちの怒りが増長してしまうんです。だからこそ今、フェミニズムの中で勃興している怒りの表明に打たれることが多いですし、その流れの中で自分も物申していかなければと思っています。

田中　課題が多すぎて、なかなか話が尽きませんね。武田さんのおっしゃった「筋肉」や「手癖」といった習慣化されたことに切り目を入れていくために、私たち1人ひとりに何ができるのか。これからも考え、実践していきたいと思います。

資料　MeDi シンポ概略

第1回

「これってなんで炎上したの？」「このネタ、笑っていいの？」

◆**日時**　2017年5月20日(土)　13：00～15：00
◆**会場**　東京大学　本郷キャンパス　福武ホール　福武ラーニングシアター

◆**登壇者**

大澤祥子	ちゃぶ台返し女子アクション　代表理事
加藤美和	UNWOMENアジア太平洋部長
小島慶子	エッセイスト
治部れんげ	ジャーナリスト
白河桃子	ジャーナリスト
竹下隆一郎	ハフポスト日本版編集長
田中東子	大妻女子大学文学部准教授
羽生祥子	日経DUAL編集長
林香里	東京大学大学院情報学環教授(司会)
緑川由香	弁護士

第2回

徹底検証　炎上リスク―そのジェンダー表現はアリか

◆**日時**　2017年12月16日(土)　13：30～15：30
◆**会場**　東京大学　本郷キャンパス　福武ホール　福武ラーニングシアター

◆ **登壇者**

鎮目博道	(株)テレビ朝日/AbemaTV、報道局クロスメディアセンター/編成制作局制作部プロデューサー
高田聡子	マッキャンエリクソン・クリエイティブディレクター
千田有紀	武蔵大学社会学部教授
小島慶子	エッセイスト、MeDiメンバー
治部れんげ	ジャーナリスト/昭和女子大学現代ビジネス研究所研究員、MeDiメンバー (司会)
松中権	認定NPO法人グッド・エイジング・エールズ代表、LGBTQ活動家

＊MeDiは2回目から発足

第3回

炎上の影に「働き方」あり! メディアの働き方改革と表現を考える

◆ **日時** 2018年5月12日(土) 13:30~16:00時

◆ **会場** サイボウズ 東京オフィス 東京日本橋タワー 27階

◆ **登壇者**

小島慶子	エッセイスト、MeDiメンバー
林香里	東京大学大学院情報学環教授、MeDiメンバー
白河桃子	少子化ジャーナリスト/相模女子大学客員教授、MeDiメンバー
たむらようこ	放送作家/ベイビー＊プラネット社長
古田大輔	BuzzFeed編集長
中川晋太郎	ユニリーバ・ジャパン・カスタマーマーケティング株式会社マーケティング担当役員
渡辺清美	サイボウズ株式会社・コーポレートブランディング部
大門小百合	ジャパンタイムズ 執行役員・編集局長
山本恵子	NHK国際放送局WorldNews部記者 MeDiメンバー

第4回

それ「実態」とあってます？　メディアの中のLGBT

◆ **日時**　2018年12月2日(日)　13：30〜15：30
◆ **会場**　東京大学　本郷キャンパス　福武ホール　福武ラーニングシアター

◆ **登壇者**

隠岐さや香	名古屋大学大学院経済学研究科教授
藤沢美由紀	毎日新聞記者
増原裕子	株式会社トロワ・クルール、アクティビスト
小島慶子	エッセイスト、MeDiメンバー

第5回

MeDiシンポジウム：「わたしが声を上げるとき」

◆ **日時**　2019年5月18日(土)　14：00〜16：00
◆ **会場**　東京大学　本郷キャンパス　福武ホール　福武ラーニングシアター

◆ **登壇者**

ウ　ナリ	株式会社キュカ代表取締役
小島慶子	エッセイスト、MeDiメンバー
田中東子	大妻女子大学文学部准教授、MeDiメンバー
山本和奈	Voice Up Japan
山本恵子	NHK　国際放送局　WorldNews部、MeDiメンバー（司会）

スピンオフ企画

姫野カオルコ　『彼女は頭が悪いから』ブックトーク

◆ **日時**　2018年12月12日(水)　19：00〜21：00
◆ **会場**　東京大学駒場キャンパス　21KOMCEE　EAST　地下　K011教室

◆ **登壇者**

姫野カオルコ ｜ 作家

◆ **パネリスト**

大澤祥子	ちゃぶ台返し女子アクション　代表理事
島田真	株式会社文藝春秋
瀬地山角	東京大学大学院総合文化研究科教授
林香里	東京大学大学院情報学環教授、MeDi メンバー
小島慶子	エッセイスト、MeDi メンバー（司会）

スピンオフ企画

Stop Sexual Violence on Campus!
ストップ、キャンパス性暴力！

◆ **日時**　2019年1月29日(火)　14：00〜17：30
◆ **会場**　東京大学本郷キャンパス　工部二号館 9 階 93B 教室

◆ **ゲストスピーカー**

アダム・ダッジ弁護士（Acam R. Dodge）
Legal & Technology Director at Laura's House, Orange County, California

◆ コメンテーター

矢口祐人	東京大学大学院総合文化研究科教授
キム・ユニス (Eunice K. Kim)	梨花女子大学校法学専門大学院教授
鈴木由真	東京大学大学院教育学研究科博士課程
渕上貴史	創価大学 学生
春藤優	早稲田大学 学生
横井桃子	上智大学　学生

◆ 総合司会

林香里	東京大学大学院情報学環教授、MeDiメンバー

＊これらのシンポジウムはすべて東京大学大学院博士課程教育リーディングプログラム「多文化共生・統合人間学プログラム」(IHS) の助成を受けました。

＊役職、肩書きは当時のものです。

足をどかしてくれませんか。
──メディアは女たちの声を届けているか

編　者　林香里
著　者　小島慶子、山本恵子、白河桃子、治部れんげ、
浜田敬子、竹下郁子、李美淑、田中東子

2019年12月31日　第1版第1刷発行

装　丁　鈴木千佳子

発行所　株式会社亜紀書房
〒101-0051　東京都千代田区神田神保町1-32
TEL　03-5280-0261（代表）　03-5280-0269（編集）
http://www.akishobo.com/
振替　00100-9-144037

印刷・製本　株式会社トライ　http://www.try-sky.com/

ISBN978-4-7505-1625-7 C0095

飢える私
——ままならない心と体

ロクサーヌ・ゲイ 著
野中 モモ 訳

あの日の私を守るために食べてしまう。
そんな自分を愛したいけど、愛せない。

レイプ、過食、嘔吐、超肥満、差別、同情……。
少女時代から作家になっても続く
苦悩と辛酸の日々描く壮絶な回顧録。

バッド・フェミニスト

ロクサーヌ・ゲイ 著
野中 モモ 訳

多くの女性に勇気を与え、全米で大反響を
巻き起こした批評=エッセイ集!

私はピンクの服も着たいし男性も好きな
ダメ・フェミニスト。でも完璧ではない自分や他人を
受け入れ、分断を乗り越えて差別のない世界を夢見たい。
映画、ドラマ、音楽のほか、犯罪や事件を取りあげ、
複雑なアメリカの文化状況を鋭く読み解く。